El Acantilado, *418*
HUMANO,
MÁS HUMANO

JOSEP MARIA ESQUIROL

HUMANO, MÁS HUMANO
UNA ANTROPOLOGÍA DE LA HERIDA INFINITA

BARCELONA 2021  ACANTILADO

Publicado por
ACANTILADO
Quaderns Crema, S. A.

Muntaner, 462 - 08006 Barcelona
Tel. 934 144 906 - Fax. 934 636 956
correo@acantilado.es
www.acantilado.es

© 2021 by Josep Maria Esquirol Calaf
© de esta edición, 2021 by Quaderns Crema, S. A.

Derechos exclusivos de edición:
Quaderns Crema, S. A.

En la cubierta, *Mar y lluvia* (1865), de James McNeill Whistler

ISBN: 978-84-18370-31-1
DEPÓSITO LEGAL: B. 3248-2021

AIGUADEVIDRE *Gráfica*
QUADERNS CREMA *Composición*
ROMANYÀ-VALLS *Impresión y encuadernación*

SEGUNDA REIMPRESIÓN *diciembre de 2021*
PRIMERA EDICIÓN *marzo de 2021*

Bajo las sanciones establecidas por las leyes,
quedan rigurosamente prohibidas, sin la autorización
por escrito de los titulares del copyright, la reproducción total
o parcial de esta obra por cualquier medio o procedimiento mecánico o
electrónico, actual o futuro—incluyendo las fotocopias y la difusión
a través de Internet—, y la distribución de ejemplares de esta
edición mediante alquiler o préstamo públicos.

CONTENIDO

I. Víveres conceptuales	7
II. ¿Cómo te llamas? (El nombre)	19
III. ¿De dónde vienes?	31
IV. ¿Qué te pasa? (Capaz de mucho, pero...)	47
V. Herido, en el centro más profundo del alma	61
VI. Gravedad y curvatura poiética	81
VII. Vibraciones: silencio, palabra, canto	99
VIII. Humana dulzura, inhumana frialdad	115
IX. Bajo el cielo azul, sobre la tierra plana	129
X. Día a día, y alguna noche oscura	143
XI. Esperanza sin lujo	153
XII. Líneas telegráficas	167

A mi madre, que me cuidó desde el principio.
A mi padre, que me amparó hasta el final.

I
VÍVERES CONCEPTUALES

Se necesita poco para vivir. Pan y canto.

Cantamos para celebrar, y cantamos, también, para no tener miedo: para celebrar las cosas de la vida, y para no tener tanto miedo de la muerte. De ahí que la esencia de la palabra sea el canto y que en toda palabra valiosa palpite, o bien la celebración, o bien el amparo. O bien el susurro de palabras dulces que cuidan y amparan, o bien el canto de fiesta. Canto que cura y canto que enaltece la belleza del mundo.
    El canto acompaña las palabras de los poetas, y también las de los grandes pensadores. Pero, nada tiene de elitista, pues resuena, tanto o más aun, en las palabras de la buena gente. *Decir*—y *hacer*—algo bien: he aquí la continuación del canto. A veces silencioso, y a veces bajo formas discretas imprevisibles, el canto—la palabra que vibra—nos hace de cobijo y de cielo.

Los cantos de ronda eran versiones de canciones populares que solían repetirse por las calles de los pueblos. Cuenta Nietzsche hacia el final de su magna obra que Zaratustra pide a los hombres superiores que entonen con él un canto de ronda; un canto que resume parte de su doctrina, de su buena nueva, de su evangelio. Se trata de *la canción del noctámbulo,* cuyo tema es la *profundidad* del mundo: «El mundo es profundo, | y más profundo de lo que el día ha pensado». Pocos años después, cuando Nietzsche ya había perdido la cabeza, Gustav Mahler, en su *Tercera sinfonía*, pondrá los versos de Zaratustra en la voz de una contralto, con unas notas patéticas y sobrecogedoras.

¡Cuán profundo es el mundo! Pero ¿cuál es el carácter de esta hondura?; ¿de veras se presiente en ella una especie de eterno retorno?

El mundo es muy profundo, sí, pero no sufre por nosotros. La profundidad de lo humano, en cambio, reside en el sufrimiento: por todo y por todos, y cuando más vivamente vibra no es por el eterno retorno, sino por el *reencuentro*.

El nietzscheano canto de ronda me hizo pensar en otra modalidad de palabra pública: la de los antiguos pregones, anunciados con el inconfundible sonido del cornetín. Antiguamente, en cada pueblo solía haber un pregonero encargado de comunicar a los vecinos diferentes tipos de noticias, algunas valiosas para la comunidad y otras sólo provechosas para el alcalde y los terratenientes de siempre. El pregón iba repitiéndose por las calles para que, desde los portales y las ventanas, todos los vecinos pudieran escucharlo. ¿Y si de los innumerables pregones pronunciados por aquí y por allá hubo uno que un día procuró resumir una filosofía? Casi puedo imaginar—porque algo hay de cierto—al pregonero de un pueblo en la región italiana del Véneto, hacia finales del siglo XIX; un pregonero que también trabajaba como hortelano, y de quien se decía que, al caer la tarde, solía leer libros. Sus pregones eran muy peculiares y casi nunca terminaban de entenderse del todo, pero, quién sabe si justamente éste era el motivo por el cual los vecinos tanto los esperaban. Sin extenderse demasiado, añadía a lo que le habían encargado que difundiera otras cosas de cosecha propia. De sobras sabía que, para que la gente atendiera y lo siguiese, convenía pronunciar en tono alto frases cortas separadas por largas pausas. Y también sabía que convenía repetir algunas partes, sobre todo las del principio, para la gente que, como los ancianos que caminan poco a poco, tarda un rato hasta poder asomarse. En letra minúscula, anotaba todos los pregones en una libreta, a veces con un título y a veces únicamente con la fecha. Las pausas, las indicaba con un guioncito, imitando los telegramas, frecuentes en aquel entonces. Una vez, pronunció un pregón todavía más extraño de lo habitual, con el que se refería a un pregonero como él. Llevaba por título: «Pregón filosófico de la mañana», y decía así:

nada era necesario – nada, debido – ni tú, ni cielo – ni yo, ni mundo – ni día, ni noche – pero despuntó el alba – y un día, tiempo después – el sereno cantó las seis – el farolero apagó las luces – y, a media mañana, el pregonero hizo saber – que la vida tiene forma de arco – como la bóveda del cielo azul – con una sábana y un nombre – una niña ha venido al mundo – cada día, sobre la tierra plana – se alzan cabañas con maderas de entoldado – y se curva la línea de las palabras – para bendecir el gusto de cada cosa – y consolar el dolor de cada mirada – nada era debido – ni tú, ni cielo – ni yo, ni mundo – ni día, ni noche –

Del diálogo ininterrumpido con Nietzsche, también ha surgido el título de este libro; un título que expresa el horizonte filosófico merecedor de todos nuestros esfuerzos. Algo muy sencillo de expresar: ¡ojalá el humano fuera todavía más humano! Ser humano no significa ir más allá de lo humano, sino intensificar lo humano, profundizar en lo más humano: ahí está lo más valioso.

En cambio, Nietzsche considera que la anomalía humana debe ser *superada*; se queja y se entristece por la poca fuerza del hombre. Este motivo es, en realidad, un tópico muy antiguo, que recalca nuestra excesiva debilidad. Sin embargo, vale la pena preguntarse si la debilidad siempre es una manifestación de bajeza. ¿Y si, ya inmediatamente, Abraham se hubiera mostrado incapaz de aceptar la orden divina de matar a su hijo? ¿Poca fe, o demasiada humanidad? Me parecen muy expresivos los versos que Luigi Groto, dramaturgo italiano del Renacimiento, escribe en una versión teatral del drama bíblico. En ellos, Abraham se lamenta de su trágica situación y de la debilidad que siente de esta manera: «¡Ay!, demasiado afeminado; ¡ay! demasiado humano...».[1] ¡Justo eso! Ser demasiado humano se hace coincidir aquí con ser demasiado débil, y demasiado afeminado—es decir, literalmente, con ser demasiado femenino—. Ante la terrible—¡e *inhumana*!—orden divina de sacrificar a su hijo, Abraham se pregunta, perplejo y angustiado, qué tiene que hacer. Se siente desolado, se compadece y, espontáneamente, atribuye su debilidad al hecho de ser *humano, demasiado humano*.

Tanto la idea como la literalidad de la frase de Groto habrían podido inspirar perfectamente—quién sabe si fue así—el título del libro de Nietzsche: *Humano, demasiado humano*, de la misma manera que también ahora han ayudado a inspirar el mío: *humano, más humano*, que ya no tiene nada de queja ni de desdén, sino todo lo contrario. ¿Qué puede haber de más humano que una debilidad semejante? He aquí la tesis de este libro.

Además del diálogo con Nietzsche, el título—*Humano, más humano*—expresa también la réplica a una de las eva-

---

[1] Luigi Groto, *Isac*, Roma, Bartolomeo Lupardi, 1673, acto II, escena I, p. 28.

siones ideológicas de nuestra época: la del transhumanismo, con sus golosas promesas de un *más allá* de lo humano. Obviamente, no me refiero a la cuestión de lo que seremos capaces de conseguir con las innovaciones biotecnológicas, sino al discurso ideológico que las acompaña y las adorna. ¡Qué paradoja más triste: aspirar a y confiar en llegar más allá de lo humano y *quedarnos cortos en humanidad*! Es decir, perdernos, y no advertir que el horizonte más importante no se encuentra más allá—más lejos—, sino más adentro.

Todo el mundo sabe por propia experiencia que, poco o mucho, las personas podemos equivocarnos. Pero también las civilizaciones se equivocan, y no hace falta recurrir a ejemplos antiguos: la nuestra hace tiempo que ha perdido el norte—o tal vez nunca ha conseguido seguirlo muy bien—. Desde hace un par de siglos vivimos bajo la insistente retórica del progreso y, sin embargo, las víctimas no han dejado de amontonarse escandalosamente en las cunetas. El siglo XX ha mostrado que lo peor—la barbarie más extrema en forma de violencia totalitaria—es aún más posible—y más probable—de lo que nunca había sido. El gobierno del mundo continúa demasiado lleno de banalidad y de intereses particulares. Y, entre todos nosotros, tras haber tratado la tierra como almacén de recursos, éstos ya casi los hemos agotado y aquélla la hemos degradado a depósito de desechos. Mientras tanto, la transformación tecnológica de la sociedad, en complicidad con el consumismo, actúa sobre nosotros a modo de narcótico y amenaza secretamente con arrojar todo por el despeñadero.

Para hallar el norte y seguirlo, serían necesarios cambios tan radicales como improbables. Pero nunca hay que desistir, sino al contrario, conviene resistir desde el propio rincón. Tal vez sólo sea posible una contribución modesta, pero todo cuenta. Así, por ejemplo, en momentos de gran desorientación, urge el esfuerzo por centrarse en lo más nuclear, y por obrar bien.

Dado que, a pesar de la proliferación de teorías de todo tipo, la comprensión de nosotros mismos nunca había sido tan escasa, para hallar el norte podría ayudarnos entrever que el humano, de raíz, está más vinculado con la responsabilidad radical que con el poder; que una civilización más humana lleva a hacer del mundo una casa más que a salir de casa para dominar el mundo; que una cultura más humana no es una cultura miedosa ni nihilista sino la que sabe que no hay fuerza más intensa que la que se conjuga con el sentido. En la debilidad, en lo humano, en la vulnerabilidad... en este *demasiado* que, en verdad, es un *más*, late el pulso de la verdad.

La forma ensayística de escritura tiene algunas ventajas pero, naturalmente, no está exenta de ciertas limitaciones. Los libros de filosofía que antaño acostumbraban a publicarse en forma de tratado exhibían, ya en el índice, su estructura conceptual. En el ensayo, la *constelación conceptual*, aunque pueda encontrarse, casi nunca es tan explícita. Cada concepto es una estrella de la constelación. Y no todos los puntos tienen ni el mismo diámetro ni la misma luminosidad, pero todos son igualmente imprescindibles para formar la figura de conjunto.

Con la filosofía de la proximidad procuro pensar la radicalidad de lo humano y elaborar, dicho en términos más académicos, una *antropología filosófica*, cuyos principales conceptos serían los siguientes: *alguien*, que es el pronombre del humano; *intemperie*, que indica la situación fundamental; *repliegue del sentir* y *herida infinita*, que expresan la esencia de la vida humana; *curvatura poiética*, que perfila el sentido de la acción; y *reencuentro*, que indica el horizonte de toda espera. A la constelación principal se añaden otros puntos rutilantes igualmente significativos: *inicio, amparo, afueras, resistencia, juntura, canto, compañía*...

Debería poder explicar cómo, cada día, bajo el cielo azul y sobre la tierra plana, *alguien* recibe el nombre y siente la herida infinita que lo constituye. Pero avanzo, ya desde ahora, que aquí *herida infinita* no tiene nada que ver con el dolorismo ni con ningún tipo de apología del sufrimiento entendido como medio para conseguir algo. *Herida infinita* es el término que, finalmente, veo más apropiado para expresar la incisión, profundísima y en forma de cruz apaisada, que nos llega hasta el centro del alma—o, mejor dicho, que genera nuestra alma—. De tal modo que vivir es, en el mejor de los casos, *estar* cerca de esta herida y *obrar* a partir de su vibración.

El camino del pensar es muy especial. Algunos han querido o quieren todavía recorrerlo mirando desde una supuesta cima o desde una especie de púlpito especular y especulativo. Pero, entonces, el trayecto es ficticio, porque ni siquiera se tienen los pies en el suelo; se exhibe una *visión panorámica* que, en realidad, ignora la gravedad y la ligereza de cada paso. A veces, la visión panorámica se compagina con una *dialéctica* consistente en entender que todas las etapas del camino representado están hechas de oposiciones cuya resolución produce el progreso.

Hay, sin embargo, otra posibilidad. No reflejar—no especular—, sino *reflexionar*. No pretender hacer de espejo, sino de peregrino atento. Caminar despacio, sin ignorar los obstáculos, las dificultades y las luchas que de ninguna manera pueden ni deben evitarse. Caminar prestando atención a los márgenes, al color de la tierra y a la forma de los árboles, pero, sobre todo, a las solicitudes de los compañeros de viaje. A diferencia de la visión panorámica, la mirada reflexiva y atenta no busca una explicación global, más bien procura *desexplicar*, para acercarse a la significación de las cosas. Hoy, cuando una multitud de teorías y de verbosidad son como la broza que crece por doquier, desexplicar es desbrozar; acción necesaria para *clarificar* y *abrir paso*. Por muy extraño que parezca, sin desexplicar no es posible entender nada de lo que realmente importa. Clarificar equivale a cortar la maleza para que entre así la luz. La confusión es homogénea. Desexplicar clarifica y, a la vez, distingue, es decir, descubre la diferencia. Y es entonces cuando, con la diferencia, se puede generar—poéticamente—. Antonio Machado decía que el pensamiento poético es heterogeneizador. El clarificar—y el diferenciar—coincide con el no saber socrático; un no saber—reflexivo—que genera, o ayuda a generar, a modo de comadrona.

Clarificar, pues, para abrir camino, notando y anotando la diferencia. Pero también aquí hay que estar alerta. Conviene distinguir sin que la distinción termine en esquizofrenia. Distinguir, sí, pero no disociar ni contraponer más de la cuenta, sino, más bien, distinguir para *juntar*: cielo y tierra, día y noche, liviandad y gravedad, acción y esperanza... De esta manera, la filosofía de la proximidad, al mismo tiempo que vela para no permanecer en la confusión ni precipitarse en la separación patológica, se implica de lleno en la *articulación* y en la *juntura*.

Reconocer las junturas en que somos da fuerza para crear otras nuevas. El pensamiento como creación simbólica es juntura poiética. Sobre las junturas en que nos encontramos, cabe crear otras, a modo de plusvalía; *plusvalía creativa*, podría decirse.

Lo angustioso y esquizofrénico es la tierra sin relación con el cielo, o el cielo sin relación con la tierra. El horizonte, que tanto nos calma, es relacional. Nos salvan las relaciones. El horror está en los elementos totalizados: en el vacío del cielo, en la densa oscuridad de la tierra... La relación es ya algo concreto, y las cosas son cosas en lo concreto de la relación. Cuando en un ejercicio artístico se priva a la cosa de sus relaciones, es como si deviniese deforme y monstruosa, recordándonos el rumor del abismo. En cambio, reconocer las junturas es ya orientarse y ser capaz de generar otras.

El camino del pensamiento no recorre grandes extensiones. No pretende ir muy lejos, sino un poco hacia adentro. Y, en consecuencia, reflexiona sobre lo mismo, repite la misma canción, y mantiene el mismo horizonte.

No es un camino de quietud, sino de perseverancia. Por eso a menudo recuerdo con una sonrisa la tan jugosa anécdota sobre Sócrates contada por Jenofonte: después de una larga estancia en el extranjero, un conocido sofista llamado Hipias vuelve a Atenas y, un día, viendo a Sócrates dialogar con sus discípulos se dirige a él desde cierta distancia en un tono algo burlón de esta manera:

—¿Todavía sigues diciendo, Sócrates, las mismas cosas que te oí decir hace mucho tiempo?

Y Sócrates le respondió:

—Sí, Hipias, y, lo que es más sorprendente todavía, no sólo digo las mismas cosas siempre, sino que sigo hablando de los mis-

mos tópicos. En cambio tú, como eres un erudito, nunca dices lo mismo sobre los mismos temas.
—Descuida, siempre intento decir cosas nuevas.[2]

El cuidado pide repetición. Mientras que cierto intelectualismo busca sólo la novedad, el corazón quiere, sobre todo, repetir. Y lo herido es el corazón. Por eso es tan aconsejable seguir a los sabios que, como Sócrates, saben repetir, antes que a los sofistas, que sólo buscan deslumbrar con sus presuntas innovaciones. Encaminados, pues, a repetir, porque no somos nosotros los que hacemos las preguntas sino las preguntas las que nos alcanzan y, al dejarnos tocados, nos hacen a nosotros.

Desexplicar y luego repetir el movimiento de ida hacia lo profundo es el camino y el mantra del pensamiento. Pero tal repetición no deja las cosas como estaban, porque quien repite se transforma y se convierte en *testimonio* para los demás. Desde Lastenia, discípula de Platón, hasta Margarita, hermana de la caridad, quien hace que el pensar transforme su vida es una persona espiritual, sin ostentación. Alguien que se levanta por la mañana, trabaja, cuida a los suyos, se distrae… Pero casi en todo lo que hace se percibe un aire diferente, se vislumbra algo especial, raro. Además, a la persona espiritual no le irrita el sentido común, ni denuncia como inauténtica la vida de los demás, que es como la suya. Vive la normalidad, pero ya está en la excepcionalidad. Vive el día, pero en relación con la noche. Mantiene un combate intenso, discreto, no violento. Combate

---

[2] Jenofonte, *Recuerdos de Sócrates*, IV, 4, 6, trad. Juan Zaragoza, Madrid, Gredos, 1993.

en que no se espera ni vencer, ni convencer. No hay adversario a batir. Combate que no desea la victoria, porque un alma victoriosa es casi una contradicción. El combate tiene la forma de camino, de construcción y de espera.

Martillo, clavos y cuezo. Desexplicar para después volver a decir, pero de otra manera. Una filosofía magra no significa una filosofía dedicada sólo, ni principalmente, a demoler. Su energía no está destinada únicamente a la crítica escéptica, sino a encontrar razones para confiar un poco y, así, poder hacer algo bien. Es decir, *no sólo filosofía a martillazos*. Tras el martillo solo es preciso el martillo con los clavos, para unir maderas, encolarlas y levantar entoldados. Tras el martillo solo, también hace falta el cuezo, para amasar cemento y construir puentes.

Filosofía sin lujo. Sólo con los víveres imprescindibles. Pocos, porque el lujo nunca es buena cosa. Y a buen seguro, la paciencia del pensamiento no se aviene con él. El pensar sólo necesita calidez en el campo base. Pero nada de opulencia ni de despilfarro. Filosofía sin lujo, porque las sobredosis discursivas son siempre inconvenientes, ridículas o peligrosas. Tener un poco de confianza, a veces, es mejor que tener, superficial o dogmáticamente, mucha. Pero sin nada no es posible vivir. La distancia que hay entre nada y algo es enorme. La esperanza filosófica va de un poco de sentido a un poco más—aunque este segundo poco es, en cierto modo, infinito, otro.

Visto con un poco de perspectiva, que a menudo la filosofía haya ido asociada a cierta vida acomodada y al ocio no la ha beneficiado. Está claro que la reflexión pide tiempo, y paciencia, y tener cubiertas las necesidades más básicas. Pero el lujo y la opulencia no la favorecen; no la favorecen ni como circunstancias externas, ni como invitación a proseguir, ella misma, en esta dirección. La filosofía debe ser intrínsecamente pobre. La lujosa es demasiado obesa o demasiado fría o demasiado pretenciosa o demasiado aparentemente cínica. Hay filosofías «aristocráticas» que no muestran ningún tipo de compasión; filosofías academicistas que no vibran—ni viven—por nada; filosofías voraces que, en lugar de señalar el infinito o bien lo ignoran o bien presumen de habérselo tragado; filosofías al servicio de dogmas y de ideologías... ¿son, de verdad, filosofías?

Una filosofía sin lujo sabe, básicamente, dos cosas. Primera: que poco es mucho. Segunda: que debe estar al servicio del actuar y del orientarse. Que la reflexión sobre la vida debe intensificar la vida. Y que la reflexión sobre el mal debe contribuir a combatirlo. Que la buena teoría debe ser, en sí misma, gesto y acción.

Conspiración del desierto. La filosofía de la proximidad, voluntaria heredera del socratismo y postulante franciscana, es una filosofía del nosotros, del ayuntamiento horizontal, del que sólo se autoexcluyen todos los que denotan algún tipo de altivez. Ensanchar la conspiración del desierto es ir extendiendo una misma inspiración y una misma aspiración: vivir juntos en la fraternidad, con pan y canto o, lo que viene a ser lo mismo, con casa y ventana abierta al cielo.

II
¿CÓMO TE LLAMAS?
(EL NOMBRE)

NOMBRAR A ALGUIEN

No sólo el primer día, sino también al día siguiente, y al día siguiente del día siguiente, hay muchas situaciones en las que la desnudez del rostro humano lleva a que, de la intemperie y del abismo, que están ahí, tengamos que protegernos, a veces, por ejemplo, tras tablones atados con cuerdas. El nombre que nos damos se aviene con la desnudez misteriosa del rostro y se convierte, al mismo tiempo, en recordatorio de esta contención abismal; en recordatorio y en manera de volver a estrechar el lazo que a menudo se afloja.

¿Cuál es el nombre del humano? El nombre de la especie cuenta poco, pues cada persona es un mundo. El humano no tiene nombre de especie que diga qué es. «No sé lo que soy, no soy lo que sé»,[1] escribía Silesius. En cualquier caso, si se manejan denominaciones genéricas, tales como *homo sapiens*, deben quedar en un segundo plano.

Cada persona es *alguien*. No responde tanto a la pregunta ¿qué es? como a la pregunta *¿quién* es?

Alguien, alguien *otro*, otro *uno*.[2]

---

[1] Angelus Silesius, *El peregrino querúbico*, I, 5.

[2] Intentando pensar la singularidad, Agamben, a partir de la expresión latina *quodlibet ens*, opta por el término italiano *qualunque*, que correspondería al castellano *cualquiera* (aunque el traductor deja en *cualsea* para evitar la raíz del querer). Muy acertadamente, Agamben hace notar que el *quodlibet* no ha de entenderse como el ente no importa cuál, sino como el ente que, sea cual sea, importa (*cf.* Giorgio Agamben, *La comunidad que viene*, trad. José L. Vilacañas y Claudio La Rocca, Va-

Alguien es un simple pronombre, que cabe hacer equivalente a *persona, individuo, sujeto...* e, incluso, al *Dasein* heideggeriano, porque incluye el aquí y la facticidad. Si se dice: «hay alguien», enseguida viene: «¿dónde?». Y, sobre todo, lo que enseguida viene es: «¿quién?». Y entonces, espontáneamente, respondemos con la aparente sencillez del nombre: «Alguien». «¿Quién?». «Ana».

No hay una humanidad que camina. No hay un pensamiento que piensa. No hay un amor que ama. No hay una lengua que habla. Están Ana y Juan, que caminan y que aman y que piensan y que hablan.

¿Cuál es, pues, el nombre del humano? Valga la redundancia, el nombre del humano es su nombre; el nombre propio; el nombre de pila. No hay mejor revelación del humano que la del nombre. Por eso, no querer dar nombre a un niño constituiría una forma extrema de violencia. O, en la misma dirección, si se arrebatara el nombre a la persona ya adulta para, de este modo, anonadarla (reducirla a la nada), como ya pasó en los campos de concentración nazis y estalinistas, y en tantos otros lugares de pura inhumanidad.

El nombre es indicativo de algo tan preciso que, por si acaso, debe existir uno secreto. Un nombre secreto que, en situación extrema, pueda hacernos de último refugio y salvarnos de cualquier *maldición* y de cualquier *ignominia*.

Pero que la pista sea el nombre no debe confundirnos. Lo que verdaderamente nos interpela no es una categoría gramatical, sino el hecho de que alguien, en tanto que alguien, merezca nombre. Así pues, el nombre es sólo *la pista*

---

lencia, Pre-Textos, 1996, p. 9). Aunque la propuesta de Agamben es sugerente, prefiero la sencillez del *alguien*, que traduce el latín *alicunus*, y cuya gracia reside en conjugar la idea de alteridad con la de unidad.

que apunta hacia lo que verdaderamente importa: la profundidad de lo humano.

Una mirada que te reconoce es ya una mirada que dice el nombre. El nombre es, antes, pronombre. Y el pronombre es, antes, mirada. Por eso resulta imposible rastrearlo hasta el final. Hablo de nombre propio pensando en la acción consistente en llamar a alguien por el nombre, en dirigirse a alguien con el nombre, con un pronombre, con un diminutivo, con un gesto o con una mirada.

Aunque hay nombres propios que no son de personas —los topónimos, por ejemplo—, aquí, cuando hablo de nombre propio, me refiero a los antropónimos. Pero, como decía ahora mismo, no hay que fijarse mucho en la forma objetivada del lenguaje, sino en qué ocurre cuando, por ejemplo, un sustantivo como *luna*, *violeta*, o *alba*, al utilizarse para llamar a alguien, se convierte inmediatamente no sólo en antropónimo, sino en nombre propio. Tanta es la fuerza del rostro personal que todo lo común se muda en propio al dirigirse a él. En tal situación no sólo sobran los apellidos, sino incluso la misma forma lingüística del nombre.

Evidentemente, *todo puede degenerar*. El nombre sólo es *propiamente* nombre cuando se pronuncia con tacto dirigiéndose a alguien. No cuando lo parece, o cuando sólo es una forma de respeto superficial. Lo importante es la manera con la que el nombre va hacia el rostro casi invisible, y cómo ese rostro casi invisible expresa silenciosamente el nombre. Este movimiento bidireccional es la base de la compañía y de la comunidad.

Que todo puede degenerar significa, también, que alguien puede afirmarse —y firmar— más de la cuenta, reiterando y acentuando su nombre todo el rato y en todas partes. Entonces, puede ocurrir que una expectante mirada filosófica vea oportuno convertir la degeneración en diana de incisivos dardos críticos.

NOMBRE SIN PROPIEDAD

En efecto, es obvio que el tema del nombre puede derivarse hacia la lógica de la propiedad y de la autoría. Derrida lo ha hecho con lucidez, justo para, después, poderlo criticar duramente.[3] Quiere mostrar a sus lectores los peligros inherentes al hecho de subrayar en exceso la autoría y la firma. Y lleva razón, porque la hipertrofia del nombre propio refleja egolatría, afán de dominio, engreimiento y una visión del mundo bajo el prisma del poder.

Entonces sí, como reacción, conviene no sólo la alabanza de la humildad, sino de la autoría del nosotros, de la obra colectiva y, más aún, del anonimato. Por supuesto, la necesidad de estas correcciones no sólo se daría ante las desmesuras individualistas de la sociedad actual, sino que es muy antigua, y conecta con las valiosas ascesis de desprendimiento de uno mismo. Los cartujos, por ejemplo, no firman con su nombre: es tal el despojo al que aspiran, y pesa tanto el egoísmo del que quieren liberarse, que tratan de desprenderse *incluso* del nombre.

Dicho lo cual, creo, sin embargo, que colocar el nombre bajo la etiqueta de la propiedad y de la autoría, lo convierte en una diana demasiado fácil, y desvía la atención de lo más esencial, que no es sino la designación sencilla de alguien. De modo que, incluso para resituar bien el problema de la

---

[3] *Cf.* Jacques Derrida, *Otobiografías. La enseñanza de Nietzsche y la política del nombre propio*, trad. Horacio Pons, Buenos Aires, Amorrortu, 2009.

propiedad y de la autoría, habría que darse cuenta de que la alternativa al egocentrismo no pasa sólo por el anonimato o por el nombre colectivo, sino que pasa, sobre todo, por *decir el nombre sencillamente*. Más allá o más acá de las escrituras de propiedad y de las pretensiones de soberanía, irradia la sencillez del nombre.

Le preguntan: «¿Cómo te llamas?». Y responde: «Me *llamo* Ana, *soy* Ana».

En las antípodas del nombre no está el anonimato, sino la impersonalidad.

EL NOMBRE QUE TE LLEGA

El nombre que se te da es merecido sin haber hecho nada. Merecido porque el rostro es expresión del inicio y anticipación de la honda herida. Como pronto veremos, dar el nombre es reconocer un inicio absoluto. Se da nombre a quien viene por primera vez, a quien se estrena. Por relevantes que sean, todas las herencias son secundarias; todas, sin excepción: las biológicas, las culturales, las familiares, las «freudianas»...

El nombre propio indica la *singularidad* de la persona; corresponde al acontecimiento del nacer, y al acto sacramental del bautismo. Que esta celebración religiosa, en la que se recibe el agua de la pila bautismal, se practique hoy cada vez menos, no significa que no existan una serie de acciones que, sumadas, tengan mucho que ver con ella: cuando los padres eligen el nombre; cuando se lo comunican a las personas más cercanas; cuando, con ese nombre, se dirigen por primera vez al que debe llegar o a quien ya ha llegado... El bautismo—o lo que lo sustituya—es una ceremonia en la que se da nombre a alguien que ya tiene nombre—secreto—. Se confirma y reconoce públicamente el nombre de quien tiene nombre.

Quien viene a la vida, viene por primera vez. Limpio. No hay culpas ni pecados que se arrastren. El agua no necesariamente ha de significar la acción de lavar; también puede significar la pureza de principio, la inocencia, así como la relativización de las citadas herencias. Entender que el nombre propio lo es de verdad supone superar todas las leyes, todas las cadenas. Fíjense en lo sencillo que es: llamas a Ana, y todos los determinismos se van al traste.

Más aún: como sea que termine todo, cada situación humana, por el hecho de serlo, es ya una cierta victoria contra lo irremisible del mal, de la violencia y de la oscuridad. En cada situación, en cada acontecimiento, late la infinitud de la vida personal. El inicio, por precario y maltratado que luego sea, es ya un inicio imborrable. La esperanza que podamos albergar se debe siempre a este inicio; de ahí que mantener el nombre sea mantener la esperanza.

El nombre es tan merecido que por eso existe uno secreto. Aun así, humanamente, el nombre se recibe. Los otros te lo dan como si fuera la primera casa, cálida, inocente, franca. Recibir el nombre es recibir el primer amparo, y la primera cura. Recibir el nombre es una bendición: la primera y más importante cosa bien dicha que te llega.

Hallarte y sentirte llamado revela la situación fundamental: en la intemperie, están los otros, que te dan nombre y que te llamarán por el nombre toda la vida. Ser inicio va junto con el hecho de que la primera palabra venga del otro. El solipsismo y el peligro de una subjetividad que se enredaría fatalmente en sí misma, están descartados de antemano, por el nombre que nos viene dado. Recibes la vida sin estar. Bueno, ni eso: no recibes nada, precisamente porque no estabas. Aparece un rostro humano, que desde entonces recibirá. El allí (del tú) es más primordial que el aquí (del yo).

¿CÓMO TE LLAMAS? (EL NOMBRE)

Estructura básica para entender lo más importante de nuestra situación. Recibo el nombre, es decir, *escucho* mi nombre, y entonces yo mismo me lo doy: «yo». El recibimiento del nombre es don y vocación, interpelación. De modo que mi madurez no vendrá sino en forma de respuesta. Ésta es la secuencia: recibo, y me llaman, y respondo.

Porque recibo y me llaman, hablo; porque me siento llamado y mirado (reconocido y considerado), respondo. Ahora bien, escuchar y hablar sólo es posible en confianza. La palabra recibida nos hace oyentes, seguidores. Sólo con el encuentro y la palabra que se escucha, el ser humano llegará a ser creativo. Sólo con el encuentro y la palabra que se escucha, habrá sentido.

Recibir el nombre es el inicio de la vocación. Me hace responsable antes de ser todavía capaz. La escucha de la demanda se irá dando con el tiempo, y también con el tiempo se irá respondiendo. En realidad, la demanda—que surge de la herida infinita—es fácil de resumir: no matarás, sino más bien al contrario, harás compañía.

EL NOMBRE, SELLO DEL ABISMO

Si existe Dios, seguro que es él quien nos da el nombre secreto y quien, al mismo tiempo, escucha y se complace en la donación humana del nombre.

El nombre de pila del más desgraciado de los mortales, en el mismo momento de abrir los ojos—o incluso, habiéndolos mantenido cerrados para siempre—, ya ha llegado al oído de Dios.

Para Dios, y también para nosotros, no hay palabra más primordial que la del nombre. Y por eso, más que las *verdades eternas* (es decir, las supuestas leyes necesarias y universales), son los nombres, protagonistas de los acontecimientos y de las experiencias de la vida humana, los únicos rastros del itinerario hacia lo divino. El Reino de Dios tiene que ver con este ámbito de la vocación nominal y de las relaciones humanas. Aquí reside la *veritas*. Una cosa son las verdades lógicas y, otra, por encima, la verdad de la vida, de las situaciones que ocurren y de los rostros personales que tienen y llevan nombre.

Dado que, tarde o temprano, todo va hacia el nombre propio, es como si hubiera un primer nombre, o uno último. *Dios* no es sino este primer y último nombre. Por eso el nombre de Dios no es ninguna arbitrariedad. Cabe entenderlo como la palabra más primordial que nos abriga. Se da para la demora, y para contener a cierta distancia las fuerzas aniquiladoras. Sin embargo, nada ha de establecerse dogmáticamente. Dios no es una palabra que aquí se quiera ni imponer ni presuponer. Como muestra de esta discreción y de la posición desde la que hablo, me ha parecido oportuno traer a cuento y matizar cierto diálogo filosófico contemporáneo. El libro del Apocalipsis narra, ya hacia el final, las siete visiones. Una de ellas dice: «Luego vi a un Ángel que bajaba del cielo y tenía en su mano la llave del Abismo y una gran cadena. Dominó al Dragón, la Serpiente antigua—que es el Diablo y Satanás—, y lo encadenó por mil años. Lo arrojó al Abismo, lo encerró y puso encima los sellos...».[4]

El abismo es la densa negrura y una interminable caída hacia la sima pero también, en un rincón, la gruta donde está lo más diabólico cerrado y sellado. La valla construida con tablones de madera nos protege de este abismo. En una carta de 1926, Gershom Scholem señala a su amigo Franz Rosenzweig los abismos inherentes a la propia len-

---

[4] Apocalipsis 20, 1-3.

gua, y escribe lo siguiente: «Es en el nombre donde está sepultada la potencia del lenguaje, en él está sellado el abismo que encierra». Scholem se refiere a los nombres sagrados—a los nombres de Dios—, y su reflexión—continuada por Derrida en *Les yeux de la langue*—[5] versa sobre la secularización de la lengua hebrea. Para seguir bien el asunto, se han de tener en cuenta unas magníficas páginas de *La estrella de la redención* en las que Rosenzweig hablaba de la lengua sagrada del pueblo judío como diferenciada de la lengua de los otros pueblos.

Sobre la riqueza de tales consideraciones no cabe duda. Ahora bien, mi reflexión sobre el nombre propio ni las sigue ni se aviene con ellas, y sí en cambio sintoniza con Agamben cuando argumenta que la cuestión del nombre de Dios es una expresión del *sacramento del lenguaje*.[6] Mientras Rosenzweig subraya la especificidad de la lengua hebrea como lengua sagrada, Agamben subraya la sacralidad del lenguaje humano. Y muestra que el juramento es la expresión de esta sacralidad, es decir, la expresión del compromiso que funda lo humano mismo. Según él, que el monoteísmo dé tanta importancia a no tomar el nombre de Dios en vano es precisamente consecuencia del juramento del lenguaje, *y no al revés*. Creo que tiene toda la razón. *Sin embargo*, junto a la importancia que Agamben continúa dando al nombre de Dios, considero imprescindible seguir el rastro, tal vez menos altisonante, pero igual de prometedor, del nombre propio.

De modo que, si volvemos a la imagen poderosa del nombre que sella, añadiría que lo que está en juego no es sólo

---

[5] Jacques Derrida, *Les yeux de la langue*, París, Galilée, 2011. El texto de Derrida contiene la carta de Scholem.
[6] *Cf.* Giorgio Agamben, *El sacramento del lenguaje. Arqueología del juramento*, trad. Antonio Gimeno, Valencia, Pre-Textos, 2011.

el nombre de Dios, y menos aún la lengua hebrea. Y que el abismo no está en la lengua. Casi al contrario, la lengua y, sobre todo, los nombres, son las cuerdas blancas que nos separan del abismo. Pero no los nombres sagrados de Dios, sino los *nombres propios*: Ana y María, Andrés y Juan. Sin estos nombres, portadores de la desnuda dignidad de los rostros que los merecen, no sólo el mundo se convertiría en un escenario fantasmagórico, sino que este escenario quedaría tragado por el abismo que está detrás. No hay que pronunciar el nombre de Dios en vano, pero tampoco hay que decir el nombre de Ana en vano. Hacerlo es faltar al juramento que subyace en el nombre. Un juramento que es él mismo una respuesta. La ignominia es perjurio e infidelidad.

Cada vez que, con tacto, pronunciamos un nombre propio, renovamos el sacramento del lenguaje, y sellamos silenciosamente el abismo más abismal.

EL NOMBRE, PARA TODA LA VIDA

Quien tiene nombre es centro: no requiere ni orden ni clasificación, sino orientación. No le conviene ser incluido en listado alguno, sino ser ayudado a orientarse hacia un horizonte. Por eso lo que necesitamos no son etiquetas clasificatorias, sino hitos en el camino. Dicho de otro modo, no necesitamos que se nos pretenda explicar, sino que se nos haga compañía.

Si deshiláramos la cuerda blanca que es el nombre, tendríamos toda una vida. Deshilar el nombre es explicar una historia, una vida, una biografía. El nombre propio recoge el pasado personal y anticipa el futuro. Mi nombre me precede; ya estaba para que yo, poco a poco y sin apenas darme cuenta, me fuera sujetando a él. Todo cambia y yo también. Me hago mayor, y soy y no soy el mismo que era. Sin embargo, el nombre permanece; guarda una especie de fidelidad a mi misterio y es la señal de la continuidad en el cambio.

La vida es una parábola de los inicios. Empiezo una y otra vez. Y, cada vez que oigo mi nombre, es como si se me llamara a la presencia, es decir, a comenzar de nuevo por mí mismo. Mis padres acompañaron mi primer inicio. Ahora ya hace mucho que hablo, es decir, que respondo a las continuas llamadas. Ya respondo cada vez que se dirigen a mí por mi nombre; ya puedo venir a la presencia. Estoy presente porque puedo hacerme presente, y el nombre va con esta presencia. ¿Podemos imaginar, entonces, qué pasaría si nos borraran completamente el nombre?; ¿si nos convirtieran en huérfanos de nombre? Sin duda sería un terrible proceso hacia la despersonalización, y hacia el aniquilamiento. Ya he señalado que la sustitución del nombre por el número en los escenarios del horror va en esta estricta dirección. En el extremo del extremo, el aniquilamiento supremo consiste en conseguir que alguien termine sin tener nombre y, más aún, sin poder referirse a sí mismo con un pronombre. En el umbral de la nada, ni nombre, ni yo. Hay asesinatos sin verdugo manifiesto: anulación del nombre, y del pronombre.

Borrar el nombre y asesinar el yo van juntos. Una amiga que, sin apenas cobijo, se sentía cada vez más golpeada por el sufrimiento y por la impotencia, me decía: «Espero no perder el nombre». Ojalá que no lo pierda nunca, porque nunca deje de ser llamada, reconocida. Ojalá que nunca pierda este primer abrigo que es también la última esperanza.

Sí, amar es el principal infinitivo de la vida. Y no hay nada más radical que este verbo. Nada más radical... salvo los nombres que necesariamente han de acompañarlo. Lo expresaba con perfecta sencillez Pere Casaldàliga:

> Al final del camino me dirán:
> «¿Has vivido? ¿Has amado?».
> Y yo, sin decir nada,
> abriré el corazón lleno de nombres.

Precisamente por esto, la cuerda blanca del nombre, la cuerda blanca del nombre de cada uno, de cada *alguien*, se convierte en una trenza. La trenza de todos los nombres queridos.

III
¿DE DÓNDE VIENES?

UN INICIO ABSOLUTO

Imaginemos que, al nacer, o todavía en el vientre de nuestra madre, ya tuviéramos la capacidad de hablar, y que se nos preguntara cortésmente: «¿Qué tal, chico, *de dónde vienes?*». En realidad, no importa que la respuesta pudiera darse ya en el seno de la madre o que la demos ahora, en edad adulta. Si bien solemos entender el nacimiento como un momento concreto y perfectamente acotado, en verdad nacemos paulatinamente, cada día de nuestra vida. De modo que es como si la pregunta se nos hiciera—o me la hiciera—hoy mismo. Y, sí, ahora estoy aquí, pero ¿de dónde vengo?

Lo sabemos. Lo sé: *de ninguna parte*.

Obviamente, vengo de mis padres, y soy «hijo» de mi tiempo... llevo toda una herencia genética y cultural y, sin embargo, soy un *inicio absoluto*. No el inicio absoluto, dado que el mundo ya estaba, pero sí *un* inicio absoluto. He «venido» al mundo y, antes de venir, ni era ni estaba en lugar alguno. He aquí una experiencia metafísica decisiva, que hay que tener muy presente. Es la experiencia de nosotros mismos como inicio, comienzo. Este *alguien*, que soy yo, y que recibe el nombre, ha comenzado a ser. Hannah Arendt afirma, muy acertadamente, que es una experiencia crucial por su significación política, puesto que la acción, fundamento de la política, es también una manera de iniciar. Lo formula así: «la natalidad, y no la mortalidad, puede ser la categoría central del pensamiento político, diferenciado del metafísico».[1] Estoy de acuerdo con ella en que la experiencia del inicio es la clave de la dimensión política, pero entiendo, a la vez, que lo es, aún más, de la metafísica-antropológica. Y no hablaré en abstracto de *natalidad*, sino del inicio absoluto que es cada uno. Creo que se trata de la experiencia por antonomasia; encontrarse aquí, siendo un inicio absoluto, viniendo de ninguna parte. Me temo que jamás llegaremos a prestarle toda la atención que merece. En el seno del mundo, comienza alguien que el mundo no puede explicar.

A veces se oye decir: «No sabemos de dónde venimos, ni a dónde vamos». Es verdad a medias. Insisto, sí que sabemos de dónde venimos: de ninguna parte. Nos encontramos habiendo sido inicio y continuando siendo inicio diacrónicamente. Ya se ve que la pregunta «¿De dónde vienes?», en realidad es reflexiva y, de una manera u otra, nos la hemos planteado todos a nosotros mismos, y la hemos respondido. Yo no estaba. He nacido, y sigo naciendo. La experiencia de estar en el mundo está asociada al *encontrarse aquí habiendo empezado, y seguir empezando*.

Por increíble que sea, hemos empezado absolutamente. «¿Dónde estábamos antes de nacer?», le pregunta el hermano pequeño al mayor, e, impaciente, él mismo se da la respuesta: «Estaríamos jugando en la barriga de nuestra madre». Con buena lógica, el niño presupone que estaba en un lugar u otro. Pero la experiencia del nacimiento irá madurando en él y, por inverosímil que le parezca, le hará ver que antes no era de ninguna manera: ni aquí ni en ninguna parte. Por eso, hacia atrás no hay ningún hilo ni ninguna pista que seguir. Y por eso, también, tal como recuerda

---

[1] Hannah Arendt, *La condición humana*, trad. Ramón Gil, Barcelona, Paidós, 1993, p. 23.

¿DE DÓNDE VIENES?

Jankélévitch, *incipit non discitur*: no se aprende a empezar antes de empezar.

Así pues, a pesar de no estar demasiado lejos de la terminología heideggeriana del abandonado, o del arrojado (*Geworfenheit*) en el mundo, opto por esta fórmula alternativa: nos encontramos siendo inicio, aquí, en la intemperie. Y añadiría, también en diálogo con Heidegger, que, para referirse a los seres humanos, *los que nacen* es una determinación más apropiada que la clásica *los mortales*. Hay algo más sorprendente y definitivo en haber venido a la vida que en estar destinado a morir.

DESEXPLICAR LO INEXPLICABLE

Viniendo de ningún lugar, estoy aquí, donde se ha hecho lugar.

En cierto sentido, el misterio del nacimiento supera al de la muerte porque, cuando menos, sabemos de este último que sigue la ley conocidísima: todo humano es mortal. En cambio, ninguna ley sirve para el nacimiento. Puedes decir: todo ser humano debe morir —he aquí la ley de la muerte—. Pero no puedes decir nada parecido del nacimiento. Afirmar que todos los humanos han nacido, sólo es una constatación *a posteriori*. Cabe formular: «Todo el mundo muere», pero no: «Todo el mundo nace», pues esta segunda frase chirría. Todo ser humano ha nacido, eso sí. Pero no hay ley de la creación, porque ni siquiera hay una posibilidad previa sobre la que se pudiera aplicar la ley.

Estoy aquí, de hecho... Estar aquí es *facticidad*. Sólo un yo tiene aquí, sólo un tú tiene allí. Por eso, «¡Hola!», que viene a ser «¡Eh, aquí!», es uno de los saludos más espontáneos.

Alguien, aquí.

Sin explicación, sin fundamento, sin ninguna razón que dé cuenta de tal hecho.

Puedo objetivar mi *procedencia*: progenitores, tipo de sociedad, época... pero estas determinaciones, y cualesquiera otras, no me explican; no nos explican. Además, obviamente, estoy aquí, pero yo mismo no soy mi fundamento; yo mismo no soy la explicación de mi presencia; no soy la causa ni la razón de mí mismo. Yo no me he puesto aquí. Y siento que, en cierto modo, podría no estar. De hecho, terminaré por no estar.

Si bien es difícil hablar de la muerte también lo es hablar del nacimiento, en el sentido que ahora le estoy dando. La dificultad procede, sobre todo, del acontecimiento de no venir de ninguna parte (de no venir *de ninguna parte* y de *no venir* de ninguna parte), pero, también, de la diacronía (vamos naciendo) y, además, de que el sentirse aquí se produce en un sentir previo totalmente inmemorial. El sentir precede al sentirse. Hay una génesis de la reflexividad del sentir; hay una génesis del sentirse, del encontrarse. Lo inmemorial (del inicio del inicio), fue dando paso a lo memorable (de la infancia) y, sobre todo, a lo inolvidable (del sentirse venido a la vida).

Hablar del nacimiento y de la muerte es hablar de límites; de lo que *casi* no puede hablarse. Hacerlo con cautela equivale a entrenarse para ir más allá de la objetualidad y de la objetividad. De ahí que ninguna ciencia consiga abordar significativamente ni el nacimiento ni la muerte, porque su método no es adecuado para aproximarse a estos acontecimientos y a estas experiencias existenciales. Y, en cambio, la buena poesía sí lo consigue. El pensar reflexivo, ya sea en forma filosófica, ya sea en forma poética, consigue remontar más allá de lo representable.

¿DE DÓNDE VIENES?

Si uno no se siente conmovido por este haber venido a la vida es porque algo falla, o algo disipa la experiencia y obstaculiza su comprensión. Del mismo modo que no se puede entender la ley de la muerte sin temblor (Kierkegaard), tampoco se puede atender al misterio del nacimiento sin estupor.

Lo inexplicable del nacimiento se mantiene de alguna manera en la muerte. Hay algo de la muerte—no mucho—que es explicable. Pero una parte de lo inexplicable de la muerte—la más importante—es debida a lo inexplicable del nacimiento.

Por todo ello, resulta tan importante *desexplicar*. Si no retrocedemos respecto a lo que presuponemos haber explicado, no entenderemos o, peor, malentenderemos. Y los excesos no sólo atañen al discurso pseudocientífico; a veces nos llegan del propio ámbito filosófico. Paradójicamente, hay pensadores que, aun presentándose como escépticos, pecan de imprudencia, y terminan por sostener su elocuencia en el despropósito. Así, por ejemplo, Emil Cioran, admirable en otros momentos, sobre el tema que nos ocupa, yerra el tiro. Presume de saber más de la cuenta: «Sé que mi nacimiento es una casualidad, un accidente risible...».[2] Y sigue: «La única, la verdadera mala suerte: nacer».[3] Para poner finalmente el broche: «*No haber nacido*, de sólo pensarlo, ¡qué felicidad, qué libertad, qué espacio!».[4] Filigrana verbal, pero ausencia de sensatez. Esteticismo sin estética. Palabras vacías, sin canto. En fin: egocentrismo camuflado de quien vive demasiado cómodamente.

---

[2] Emil Cioran, *Del inconveniente de haber nacido*, trad. Esther Seligson, Madrid, Taurus, 1981, p. 11.
[3] *Ibid.*, p. 15.
[4] *Ibid.*, p. 25.

UNA PALABRA RECUPERADA Y REDEFINIDA: «CONTINGENTE»

Contingente es un término elevado a concepto filosófico por los pensadores medievales y que ha permanecido hasta hoy. Principalmente, ha servido como categoría ontológica, es decir, como manera de clasificar las cosas que son. Ahora aquí, y con la inflexión que comparto con buena parte de la filosofía contemporánea, procuraré vincular y hacer surgir esta categoría de nuestra experiencia más radical, esto es, intentaré pasarla del registro teorético al existencial.

El pregón filosófico decía así: «Nada era necesario, nada era debido». Resulta tan difícil describir el hecho de estar aquí, que conviene empezar por descartar conceptos que, aun siendo potentísimos, en este punto más bien nos confunden. Me refiero, por ejemplo, a conceptos tales como *necesidad*, *posibilidad* o *casualidad*; conceptos que han sido nucleares en la filosofía medieval y en la filosofía moderna y que continúan siéndolo todavía hoy como presupuestos del conocimiento científico.

Que tú, o que yo, estemos aquí, es inexplicable. Sabemos mucho sobre la evolución de las especies, y sobre genética, y sobre factores sociales y culturales que se transmiten de una generación a otra... sin embargo, que *tú* seas no puede terminar de explicarse, al menos no en lo que tiene de más esencial. Y esta limitación discursiva no es debida al hecho de que *aún* no sepamos lo suficiente, sino de que lo más esencial es, en sí mismo, inexplicable. Por nuevas secuencias causales que descubramos y por nuevas teorías que se desarrollen, la situación de inexplicabilidad persistirá. «Si se pudiera llegar a saber...», pues no, ni así. Por mucho que avance la ciencia, nada de nada sabríamos sobre el hecho de que tú y yo estemos aquí.

¿DE DÓNDE VIENES?

Sólo a partir de la experiencia de mí mismo, puedo llegar a decir lo que acabo de decir. Sentirme inexplicable equivale a no sentirme ni necesario ni debido ni, tampoco, producto del simple azar. ¿Quién se ve diciendo: «Era necesario que yo existiera» o «Tenía derecho a ser»? Nadie siente su existencia ni como necesaria ni como debida, salvo que no esté en sus cabales. Pero, por otro lado, tampoco ocurre que nos sintamos como resultado del más puro azar. Justo pues, para indicar esta situación—de mí mismo como no necesario, ni debido, pero tampoco como puramente casual—podríamos empezar a emplear y a redefinir la palabra *contingente*.

A TRAVÉS DE OTRA COMPRENSIÓN DE LO POSIBLE

Contingente, es decir, no necesario. Pero ¿qué es estrictamente necesario? En algunos planteamientos filosóficos, estrictamente necesario sólo es Dios, entendido como el único ser que puede considerarse *causa sui*, esto es, causa, razón y fundamento de sí mismo. A veces, también se ha recalcado la necesidad propia de las llamadas *verdades eternas*—sobre todo de tipo lógico y matemático—.[5] Y, al

---

[5] Durante mucho tiempo, las verdades eternas fueron tema recurrente de discusión filosófica. Por lo menos, desde Agustín hasta Leibniz. Descartes, con un pensamiento de una radicalidad inédita, afirma que las verdades eternas, en el fondo, no lo son: «son creadas—dice—al igual que el resto de las criaturas» (*cf.* las cartas a Mersenne de 1630). El interés por la sorprendente *herejía* cartesiana estuvo en el inicio de mi trayectoria académica. Descartes fue ya la oportunidad para pensar una filosofía de la finitud—con una razón limitada—en contraste con las filosofías omnipotentes de sus «sucesores».

fin, también hay filosofías de tipo determinista que extienden universalmente la idea de necesidad, considerando que cualquier cosa o cualquier acontecimiento producidos en el seno de la totalidad son necesarios.

Para continuar con este argumento hace falta recurrir a la noción de posibilidad. De hecho, ésta fue la otra definición medieval, también clave, de la contingencia: lo que puede—es una posibilidad de—ser o no ser.[6] Esta idea, con lentas y sutiles transformaciones, permitirá que, en planteamientos metafísicos como el de Leibniz, se entienda que todas las cosas y todos nosotros formábamos parte del mundo de los posibles, y que, he aquí, por una racional decisión divina, hemos terminado siendo reales. Según tal esquema, pasar de lo posible a lo real consiste simplemente en que se haga efectiva una de las posibilidades preexistentes: era posible que en la tirada de dados saliera un seis y ha salido un seis.

Al manejar el concepto de posibilidad de este modo, entonces, por ejemplo, uno podría entender que era altamente improbable que llegara a ser, pero que se han dado una serie de factores que han provocado que pasara de lo posible a lo real; como si se le dijera: eras posible, pero poco probable, y por eso deberías estar contento y celebrar la suerte que tienes de estar aquí.

Y sí, debería celebrarse, pero no por dicho motivo. La argumentación no es lo bastante buena, ni tampoco el sentido con que se usa el concepto de posibilidad. Si, en lugar de descartar este concepto, se quiere emplear con más acierto, hay que hacer lo mismo que Bergson, Heidegger o Sartre, es decir, redefinirlo a partir de la experiencia humana del estar aquí. ¿Qué es lo que ocurre entonces? Pues que

---

[6] *Cf.* Tomás de Aquino, *Summa Theologiae*, I, q. 86, a. 3.

la posibilidad se descubre como una creación, o como algo que se produce junto al acontecimiento; como algo que se genera *a posteriori*. Por ejemplo, gracias a que ahora mismo estoy aquí, puedo imaginarme no habiendo existido. La posibilidad de mi no existencia sólo es posible—valga la redundancia—por el hecho de que existo. Por tanto, el acontecimiento de que haya venido a la vida es otra cosa que el paso de lo posible a lo real. El más clarividente en esta cuestión fue, efectivamente, Bergson, quien supo mostrar que la posibilidad es sólo la imagen que la realidad, en su autocreación contingente, es decir, imprevisible y nueva, proyecta de sí misma en su propio pasado.[7] Según este autor, para poder entender la posibilidad de esta manera, hay que vincularla a la experiencia de la libertad y a la de la creación, puesto que ambas trascienden toda explicación causal. La relación de amistad que hemos entablado, el ideal por el que te has sacrificado, el bello poema que has escrito… todos estos acontecimientos ejemplifican cómo la propia acción crea la cosa y las posibilidades ligadas a la propia cosa. No se va de lo posible a lo real, sino de lo real a lo posible.

Así logramos dar paso a este nuevo contenido conceptual: contingente, es decir, ni necesario, ni debido; contingente, es decir, que no viene de la posibilidad, sino que la crea; contingente, es decir, de la familia de la libertad y el acontecimiento.

Sobre todo, sin embargo, este nuevo concepto de contingencia se basa en, y se nutre de, *mi* contingencia. Es decir, de la experiencia que hago de mi situación fuera de los esquemas de la necesidad, del azar, y de la posibilidad apriorística. Es más, creo incluso que a partir de este regis-

---

[7] *Cf.* Henri Bergson, «Le possible et le réel», en: *La pensée et le mouvant*, París, PUF, 1950, pp. 99-116.

tro existencial emerge la idea afín de creación—y no al revés—. Es la experiencia del nacimiento (del sentirse venido a la vida) lo que ayuda a entender la categoría de creación del monoteísmo judeocristiano. Y, por tanto, lo importante no es si se «cree» o no en ella, sino darse cuenta de lo que hay detrás de la afirmación según la cual Dios creó el mundo. Y ¿qué hay? Pues la intención de sostener que el mundo no es Dios, que no es divino, que no responde a una especie de necesidad de la totalidad como panteísmo, ni a una necesidad emanatista, sino que el mundo es también un *inicio increíble*.

Así, por ejemplo, a un autor como Agustín, no sólo le interesa afirmar que Dios creó el mundo, sino responder a la pregunta: ¿por qué Dios creó el mundo? Y he aquí la respuesta (que es lo que Agustín tenía ganas de decir): porque *quiso*. Siglos después, algunos autores franciscanos llevarán este horizonte de pensamiento hasta el límite. Duns Escoto ya no sólo pregunta por qué Dios hizo el mundo, sino algo aparentemente mucho más raro, a saber, ¿por qué existe Dios? Para, también, de este modo, poder decir lo que tenía ganas de decir: *Dios existe porque quiere*.[8] ¡Así de aguda fue la intención de trascender la categoría de necesidad!

En suma, también ahora, si recuperamos y redefinimos el concepto de contingencia tal como lo estamos haciendo, es con la intención de resistir al dominio de la necesidad, y de subrayar lo inexplicable. Decir *contingente* es no colocar la necesidad en el inicio—ni mío, ni del mundo—. Así, detrás del velo de la necesidad (y también del azar) aparece de nuevo la maravilla de los acontecimientos increíbles.

He aquí, pues, la redefinición de contingencia en términos familiares: el *inicio increíble*; nuestro inicio increíble.

---

[8] Duns Escoto, *Quaestiones quodlibetales*, 16, n. 18.

¿DE DÓNDE VIENES?

Hoy, esta experiencia tiene dos amenazas. La primera proviene de la ya citada ideología tecnocientífica, con su presupuesto de la transparencia total, es decir, de que toda la realidad es potencialmente explicable y comprensible. La segunda amenaza proviene de algunos planteamientos filosóficos—como el de Sartre—que redefinen la facticidad y la contingencia de manera inconciliable con la que acabo de proponer. Veámoslo.

NÁUSEA Y CONTINGENCIA

El tema filosófico de la famosa novela de Sartre es precisamente el de la contingencia. Ahora bien, su ecuación consiste en igualar contingente con «*de trop*», *de más, sobrante*.[9] En formato narrativo, presenta la tesis a propósito del itinerario anímico del protagonista. Que un estado de ánimo pueda favorecer ciertas experiencias es algo sabido desde antiguo. Es lo que ha pasado, por ejemplo, con la melancolía, palabra que significa, literalmente, 'bilis negra'. Hipócrates consideró que una especie de líquido espeso y oscuro estaba detrás de esa tristeza que *dura más de la cuenta*. Aunque la teoría de los humores hace siglos que se desestimó, la melancolía, entendida como estado anímico, ha permanecido. Su vaguedad y amplitud hace que se pueda asociar al duelo, a la nostalgia, al tedio, al aburrimiento o, actualmente, a la depresión. Pues bien, pese a que finalmente se tituló *La náusea*, la novela de Sartre estuvo a punto de titularse *Melancolía*. Fuera ése el título u otro, el objetivo era

---

[9] Jean-Paul Sartre, *La náusea*, trad. Aurora Bernárdez, Madrid, Alianza, 1981. Las citas que vienen a continuación son del apartado titulado «Las seis de la tarde» (pp. 163-174).

indicar la peculiar situación del protagonista, Antoine Roquentin; una situación anímica que lejos de ser un estorbo es, de hecho, la que incuba una experiencia—y una comprensión—: la de la *contingencia*.

Gestado durante los días precedentes, el momento clave—literalmente revelador—se produce cuando Antoine, en un banco del jardín público, observa la raíz del castaño. Sentado en el banco, de pronto, la raíz comienza a presentársele como una especie de «masa negra». Ocurre como si la facticidad de las cosas se redujera a masa, a pastosidad, a lo que ya está en proceso de perder su aparente individualidad: la existencia «era la pasta misma de las cosas». La pasta negra: nótese el paralelismo con el líquido espeso de la melancolía.

Creo que cabe introducir aquí una primera objeción crítica. Masificación, viscosidad y desaparición de lo concreto se producen al mismo tiempo que la falta de distancia, y toda falta de distancia es una distorsión o una invasión: «El castaño se apretaba contra mis ojos». Haber llegado hasta aquí supone haber *forzado* las cosas. Mientras que prestar atención es ir hasta el límite pero sin forzar nada, la invasión de la cosa sobre mí o mi invasión sobre la cosa suponen siempre una especie de presión deformadora.

Antoine, después de experimentar la *masificación* y la *con-fusión*, alude a un tercer rasgo decisivo: «*de trop*». Todas las cosas, y todos los individuos, allí, en aquella situación, eran sobrantes, excedentes. Todo sobrante. Y yo... «también yo estaba de más». Otra muestra de la posición distorsionada y distorsionadora del protagonista se da cuando él mismo confiesa que, afortunadamente, eso de sobrar, más que sentirlo, lo comprendía. Ahora bien, un pensamiento—una comprensión—que se separa de la experiencia, ya está extraviado. Luego, Antoine piensa que incluso si se suicidara todo seguiría estando de más: «De más mi cadáver, mi sangre en esos guijarros...».

Pérdida de individualidad, masificación, condición de sobrante. Y la narración añade aún otro elemento conceptual: «La palabra *absurdo* nace ahora de mi pluma...»; absurdo básico, total. Y vuelve a la raíz para decir que es absurda, a diferencia del círculo, que no lo es, porque tiene una razón—la razón del círculo—. Pero el círculo no existe, y la raíz, sí. *Absurdo* lo asimila Sartre a lo que no tiene ningún tipo de explicación. Ni siquiera el hecho de que la raíz hiciera la función de raíz conseguía explicarla. Aquella raíz, al revelarse en su pastosidad, ya había dejado atrás toda función y toda relación con las demás cosas.

Y de este modo se culmina la experiencia. Antoine señala: «yo comprendía la Náusea». Comprensión que más tarde traducirá en palabras: «Lo esencial es la contingencia». Sartre glosa: la existencia consiste en *estar ahí* sin ninguna razón. Y no vale suponer que hay un ser *necesario*—Dios—que lo explica todo. La operación de postular tal ser necesario es sólo una manera de negar la contingencia. Pero no: la contingencia no es ninguna ilusión; es la verdad, sostiene Sartre.

Todo de más, excedente, gratuito. Sin ninguna razón, ni ninguna necesidad, ni ningún derecho que dé cuenta de ello—sí, también Sartre hace referencia al derecho: de nadie ni de nada se puede sostener que tenga «derecho» a ser.

Todo lleno, inercial, sin fuerza, y sin salida: «la existencia es un lleno que el hombre no puede abandonar». No poder salir: son obvias las equivalencias que se podrán establecer con el *il y a* de Lévinas y con el *espacio literario* de Blanchot.

Finalmente, Sartre discute con la tradición filosófica, ahora con argumentos más específicos. Afirma que la pregunta de Leibniz no tiene sentido: «Ni siquiera podía uno preguntarse de dónde salía aquello, todo aquello, ni cómo era que existía un mundo en vez de nada». No había ninguna razón para que existiera el mundo. «*Pero no era posible* que no existiera. Era impensable: para imaginar la nada, era menester encontrarse allí...». En este punto preciso, lo que dice Sartre sobre la *posibilidad* sí que coincide con la redefinición que acabamos de hacer.[10]

Antoine va a despedirse de la dueña de la cafetería que solía frecuentar. Y, agradecida, la dueña hace sonar la pieza de jazz favorita de su cliente: *Some of these days*. Al principio, Antoine despacha calladamente a los «imbéciles que obtienen consuelo con las bellas artes. [...] creen que la belleza se compadece de ellos». Pero, después, se va dando cuenta de que el sonido de ese saxofón no se reduce al vinilo, de que lo trasciende, y de que, de alguna manera, trasciende la contingencia de las cosas existentes: «(él) no tiene nada de más».[11] De ahí que Antoine termine por envidiar sanamente a los intérpretes: «Dos que se han salvado: el judío y la negra». Se han salvado hasta donde alguien puede salvarse. Y es entonces cuando Antoine siente «una especie de alegría».

A través de su personaje, Sartre argumenta que la canción es algo que escapa a la contingencia, porque se descubre en ella una especie de articulación necesaria: la de sus notas; la de sus momentos. Se diría que la melodía de la canción no es una realidad que permita dicha degradación hacia la masa indiferenciada. La raíz del castaño se puede fusionar en la masa, pero la melodía, no. Su «definición» la libra de la pastosidad y de la decadencia.

---

[10] Sartre despliega su planteamiento en el apartado «El para-sí y el ser de los posibles», en: *El ser y la nada*, trad. Juan Valmar, Barcelona, Altaya, 1993, p. 129 y s.

[11] Sartre, *La náusea*, *op. cit.*, p. 222.

CONTINGENCIA Y CANTO

De acuerdo: la canción es una pista, pero tal vez no en el sentido que pretende Sartre. La melodía de jazz muestra que hay algo, prodigiosamente bien articulado, *que te llega muy adentro*. Esto último no se dice en la novela pero puede presuponerse. ¿Qué, si no, ocurre cuando escuchamos una buena canción?

Sí, el canto es una pista. El canto que celebra y cuida. Pero el canto no salva por su definición, al estilo del platonismo, sino por su calidez y por su amparo. No es su definición lo que lo encumbra por encima de otras cosas, sino el hecho de que, en doble dirección, brota *de* y llega *a* lo más hondo del ser humano.

En un sentido amplio, el canto es toda *vibración amable* que se proyecta en lo que hacemos. En una poesía, en una amistad, en un buen hacer… El canto—y sus múltiples expresiones—forma parte de la contingencia, pero no está asociado a la masificación ni al absurdo ni al ser sobrante ni a la impersonalidad. Y es capaz de acompañar tanto a la melancolía como a la alegría. En ambos casos, abre y anima.

En resumen, frente a la ecuación de Sartre (contingente es igual a no necesario, de más y absurdo), ésta es la alternativa que propongo: contingente es igual a no necesario, inicial e increíble. Sartre habla de lo que tiende a la masificación; yo hablo del inicio increíble que es cada uno—cada alguien—. Aún más resumido: Sartre iguala contingente con *absurdo*, yo, con *increíble*. A pesar de la vaguedad de esta palabra en su uso coloquial, su formidable riqueza permite convertirla en concepto filosófico, siendo equivalente a lo que la gente de antes solía repetir en determinadas ocasiones: «La vida es un misterio».

¿De dónde vienes? De ninguna parte. He aquí el inicio increíble.

El mundo entero es un inicio increíble—no exactamente las partes o las secuencias causales—; también algunas cosas que simbolizan el mundo, como el horizonte o la luz; algunos animales en el umbral de la soledad; pero, sobre todo, cada persona es inicio increíble, como lo es alguna de las cosas que hace y que crea. El canto es una de ellas. Tanto la sencilla canción de cuna como la más sublime cantata de Bach son creación, contingencia.

Que ni la nana, ni la cantata, ni tú, ni yo, ni el mundo, seamos necesarios ni merezcamos, de derecho, la existencia, no significa que seamos absurdos o sobrantes, ni que merezcamos la más absoluta y rápida desaparición. Vislumbramos que el significado de la contingencia no va por ahí, aunque nunca terminaremos de saberlo.

IV
¿QUÉ TE PASA?
(CAPAZ DE MUCHO, PERO...)

¿Quién es el ser humano? Alguien. Que merece nombre. Que recibe el nombre. Que se encuentra aquí, viniendo de ninguna parte, siendo inicio. Que ve que puede, que es capaz, y que, además, ha ido acrecentando exponencialmente su poder técnico. Pero ¿constituye el poder el núcleo más profundo de lo humano? O, más bien, ¿el núcleo es algo relativo a lo que *nos pasa*?

EL YO COMO PODER Y LA CAPACIDAD DE PROMETER

El ser humano no sobresale por su fuerza física pero sí por su ingenio, multiplicador de su fuerza. Su capacidad *técnica* le permite pasar de adaptarse a la situación a transformarla casi por completo; crea un mundo sobre el mundo. Desde la primigenia instrumentalización de un hueso o de una piedra hasta la construcción de los sofisticadísimos sistemas tecnológicos actuales, se ha seguido una misma línea, y el tránsito se ha producido en un santiamén. Se entiende, así, que el poder, sustantivo —*el* poder—, pero sobre todo verbo —*poder*—, sea lo que más ha servido, y continúa sirviendo, en discursos filosóficos, antropológicos o históricos, para caracterizarnos a nosotros mismos. También ahora, cuando hablamos del futuro, lo seguimos haciendo con estos términos, y vamos repitiendo: en el futuro *podremos...*, presuponiendo que lo más significativo de nosotros y de nuestras acciones es el progresivo incremento de poder. La publicidad consumista aprovecha esta veta para insinuar descaradamente que lo podremos—comprar—casi todo.

Pero la representación del ser humano a partir de su poder es algo que no sólo tiene que ver con la historia del progreso tecnológico. Tiene que ver, también, con la experiencia básica que hacemos de nosotros mismos en tanto que *yo puedo*. Me experimento a mí mismo como *yo puedo*; no como yo y después como poder, sino como polo que ahora mismo *puede* levantarse de la silla y caminar, o que *puede* continuar escribiendo, o que *puede* imaginar, o que *puede* tomar una determinación... De esta experiencia simple y mayúscula surgen palabras igualmente mayúsculas, como por ejemplo *voluntad* y *libertad*. ¿Qué es la voluntad? La sustantivación de la experiencia del *yo puedo querer*. Y poder querer por sí mismo es ser libre. Es de este modo como van articulándose estos conceptos tan afines: poder, voluntad, libertad.

Sin duda, Nietzsche es el autor que más atención ha prestado a esta secuencia conceptual y quien mejor la ha sabido festejar. Según él, el problema del hombre es el de alguien que sale de la naturaleza y que consiste en un tránsito hacia otra manera de ser, relativa precisamente al poder. En el transcurso de este tránsito, se darían ya muestras impresionantes de poder, aunque no siempre fueran vistas como tales. Nietzsche, sin embargo, sí que las detectaría, cuando, por ejemplo, en la *Genealogía de la moral*, presenta magistralmente la capacidad (el poder) de prometer como la nota más sobresaliente del humano: «Criar un animal al que le *sea lícito hacer promesas*: ¿no es precisamente esta misma paradójica tarea la que la naturaleza se ha propuesto con respecto al hombre?».[1]

---

[1] Friedrich Nietzsche, *La genealogía de la moral*, trad. Andrés Sánchez Pascual, Madrid, Alianza, 1986, p. 65.

Para entender bien y valorar esta extraordinaria capacidad adecuadamente, Nietzsche sugiere que debe conjugarse con una capacidad igual de sobresaliente pero distinta: la *capacidad de olvido*. Esto es: el poder de hacer borrón y cuenta nueva, *tabula rasa* y, de este modo, crear un poco de tranquilidad. «Sin capacidad de olvido no puede haber ninguna felicidad, ninguna jovialidad, ninguna esperanza, ningún orgullo, *ningún presente*».[2] Si bien podría parecer que el preliminar elogio de la promesa queda eclipsado por el poder de olvidar, lo cierto es que, con tal disposición de elementos, Nietzsche podrá concretar todavía mejor: precisamente, además de su capacidad de olvido, el animal humano se ha procurado una capacidad contraria, un tipo de memoria, mejor dicho: «un activo no-*querer*-volver-a-liberarse, un seguir y seguir queriendo lo querido una vez, una auténtica *memoria de la voluntad*...».[3]

He aquí la promesa. ¡Qué definición más genial: el poder de prometer como *memoria de la voluntad*! Fijémonos bien: esta memoria de la voluntad es un *poder* que el hombre ejerce sobre lo más indomable de todo: el futuro. La promesa se revela, pues, como pretensión de dominio sobre uno mismo y sobre el futuro; como intención de continuar queriendo lo que se quiere y se dice ahora, en el momento presente. Siguiendo con su inagotable finura analítica, Nietzsche muestra que esta capacidad de prometer, en su primera etapa de desarrollo social, se ve ejercida por un hombre que aprende a actuar previsiblemente, según la moralidad de las costumbres; por un hombre *computable* y uniforme, igual a los demás. Etapa de tono bajo, sí, pero en la que el poder de prometer está en proceso de maduración. Finalmente, cuando el fruto maduro aparezca y el poder se vea con toda

[2] *Ibid.*, p. 66.   [3] *Id.*

su magnificencia, el hombre será *individuo soberano*. Fuerte y seguro, capaz de mantenerse firme ante toda circunstancia adversa y aun ante el destino, el hombre capaz de prometer habrá dado un paso de gigante hacia su aurora.

Un pequeño inciso: es evidente que, al hablar de la promesa, no sólo nos estamos refiriendo a lo que explícitamente tiene su forma. La promesa perfectamente puede estar implícita en la manera de hablar, de actuar, de presentarse... Es mi gesto proyectado sobre la inseguridad del futuro. Es todo ademán que signifique: «Vaya como vaya, aquí estaré».

Pues bien, el merecido deslumbramiento provocado por el discurso nietzscheano no debería ser obstáculo para darse cuenta de una ausencia muy significativa. ¿Cómo es posible que en la disección de la promesa casi no aparezca el otro, aquel a quien se promete? Nietzsche presupone que la promesa brota espontáneamente del yo que tiende a la soberanía. Pero ¿no es éste un punto crucial que debería entenderse de otro modo? Antes de responder a este interrogante quiero referirme a dos autores contemporáneos que también se han inspirado en las páginas nietzscheanas para hablar de la promesa: la ya citada Hannah Arendt y Paul Ricœur.

En su obra más notable, *La condición humana*, Arendt explica que nuestra *capacidad de acción* llega al límite y al máximo con dos modalidades excepcionales: *el perdón* y *la promesa*. Dos acciones que mantienen cierto paralelismo. Mientras el perdón es la manera de enfrentarme—no de superar—a la irreversibilidad de mis acciones pasadas, la promesa es la manera de hacer frente a la inseguridad respecto de mí mismo en el futuro.[4] Aunque lo hecho, hecho está, y lo pasado, pasado está—esto es la irreversibilidad—, el

---

[4] Hannah Arendt, *La condición humana*, op. cit., p. 255 y s.

perdón es la posición que expresa algo así como: a pesar de todo, podemos continuar... El poder del perdón consigue que la irreversibilidad de lo que ya ha acontecido no nos paralice totalmente. Y algo equivalente ocurre con respecto a la promesa: su poder consigue que tampoco la imprevisibilidad del futuro nos paralice. Según Arendt, inseguridad e impredecibilidad del futuro tienen que ver con el hecho de que nadie puede confiar plenamente en sí mismo (nadie puede asegurar del todo quién será mañana y qué posición adoptará), y también con el hecho de no poder terminar de pronosticar nunca enteramente las consecuencias de nuestros actos. Así, la facultad de prometer se erige como el poder de apaciguar esta doble oscuridad y debilidad de los asuntos humanos, y de hacer posible no sólo la vida en común, sino también el mantenimiento de las instituciones.

Arendt, a diferencia de Nietzsche, sí subraya que tanto el perdón como la promesa tienen que ver con los demás. En realidad, como toda acción, perdón y promesa tienen como condición la *pluralidad*, es decir, el hecho de que no es un yo aislado, sino los individuos, en su pluralidad, quienes están llamados a la vida en común en un mismo espacio—el espacio público de aparición—. Pero—al igual que Nietzsche—, Arendt sigue colocando el centro de gravedad en el *poder* que se manifiesta en tales acciones, gracias a las cuales la vida en común tiene presente y horizonte, a pesar de lo que cada uno haya podido hacer, y a pesar de la imprevisibilidad de lo que cada uno pueda llegar a hacer, y de lo que pueda llegar a ocurrir. Dicho de otro modo: si la vida en común no se delega a un gobierno que asegure tiránicamente los asuntos desde arriba, sino que se confía a la horizontalidad del espacio público de aparición, a los acuerdos y los contratos, entonces, es imprescindible la acción que proyecta «ciertas islas de predicción y ciertos hitos de confianza».

Perdón y promesa expresarían a la perfección lo que, según Arendt, es más eminente de lo humano: la capacidad de actuar, es decir, la capacidad de empezar, de iniciar. El ser humano es el que nace y el que es capaz de hacer nacer. Ahí está la libertad: en la capacidad de iniciar algo, más allá de las leyes de la naturaleza o más allá de las inercias sociales. Así, por ejemplo, el carácter iniciador y extraordinario del perdón se capta bien si se compara con la venganza. Mientras que, en efecto, la venganza sigue la lógica de una acción que ya ha sido iniciada—la venganza es una «reacción», que sigue la lógica del mal recibido—, el perdón, en cambio, es un nuevo inicio. La venganza es más «natural» que el perdón. Pero el perdón es superior y más humano que la venganza. Por su parte, la promesa es una forma de hacer frente a la ley de la muerte, esto es, a la fatalidad consistente en el hecho de que todo mortal está encaminado hacia el final y debe morir. De acuerdo con Arendt, la confianza en uno mismo y la promesa serían la forma de no caer en la desesperación de la fatalidad—en la desesperación consistente en confesar que nada vale la pena porque el final es implacable—. La confianza y la promesa serían las acciones que otorgarían el apoyo necesario para otras acciones: aquellas que revelan que, a pesar de que el hombre ha de morir, no está aquí para morir, sino para empezar.

Cuando Paul Ricœur trata el tema de la promesa, lo hace citando y siguiendo los pasos de Nietzsche y de Arendt. El marco en el que Ricœur desarrolla esta temática es el del *hombre capaz* y, más en concreto, el de la identidad humana como *ipseidad*.[5] Ricœur piensa la identidad narrativa de las personas como una articulación entre dos registros:

---

[5] *Cf*., especialmente, el apartado «La memoria y la promesa», en: Paul

uno, el llamado *idem* y, otro, *ipse*. Yo soy el mismo como *idem* en el sentido de que mantengo unos rasgos: tengo siempre el mismo código genético, mis padres son los que son, he nacido definitivamente en un lugar... (incluso, en un cierto sentido y en alguna medida, mi carácter también formaría parte del *idem*: por lo que a veces se dice de alguien que «de pequeño ya era así»). Otra cosa es la identidad como *ipse*: yo me voy afirmando a través del tiempo; y lo hago en compromisos, convicciones, *promesas*... Este «me mantendré» de la promesa es la expresión más plena de la identidad como *ipse*. El *ipse* es el sí mismo reflexivo; yo que me comprometo y que me siento responsable de mis actos: «poder prometer presupone poder decir, poder actuar sobre el mundo, poder contar y formar la idea de la unidad narrativa de una vida, en fin, poder imputarse a sí mismo el origen de sus actos».[6] Soy responsable no porque conserve el mismo código genético, sino porque *quiero* seguir siendo yo mismo. Ciertamente, la identidad como *ipse* puede variar: las convicciones que tengo ahora no son las mismas que tenía antes y, sin embargo, lo que no varía es la *intención* que tengo de sostener convicciones, y de responder de mis actos. La completa incapacidad de hacerse cargo de lo que se dice y lo que se hace sería la desaparición de la mismidad. Entonces, aunque permanecieran los rasgos del *idem*, ya no habría propiamente sujeto capaz de promesas ni de responsabilidad. Entonces, no habría sujeto capaz y responsable, lo que vemos que ocurre cuando, por ejemplo, se producen ciertos casos de enajenación mental.

Ricœur, *Caminos del reconocimiento*, trad. Agustín Neira, Madrid, Trotta, 2005, p. 119 y s.

[6] *Ibid.*, p. 135.

La sintonía de Ricœur con Arendt, y también con Nietzsche, es evidente, pero hay un elemento clave que lo separa de ellos, y me allana el camino. Según Ricœur, el yo está ya constitutivamente atravesado por el otro; la ipseidad está atravesada por la alteridad. De ahí el título de uno de sus libros: *Sí mismo como otro*. La alteridad es, según Ricœur, la categoría teórica que corresponde a las experiencias radicales de pasividad (de afección). Quien promete lo hace porque está atravesado por el otro, o por lo otro.

Efectivamente, en este preciso punto, la corrección que hace Ricœur de Nietzsche va en la dirección que ahora me interesa:

> … [hay que] invertir el orden de prioridad entre el que promete y su beneficiario: primero, otro cuenta conmigo y con la fidelidad a mi propia palabra; y yo respondo a su expectativa. Reanudo aquí mis observaciones sobre la relación de la responsabilidad con lo frágil en general, en cuanto confiado a mi custodia.[7]

RESPONDER A LO QUE NOS PASA

Llegamos así al punto crucial. La acción humana es principalmente *respuesta*. Más radical que el *yo puedo* es el yo que, al *pasarle* algo, responde. El poder no es una espontaneidad, sino una respuesta a lo que *nos pasa*. Sin duda, el perdón es la respuesta a una herida. Y la promesa, también. La madre es una promesa para el hijo, y el hermano lo es para el otro hermano, y el amado para la amada… Yo puedo ser una promesa para mi hijo porque mi hijo, primero e inmemorialmente, ya me ha afectado de una manera muy

---

[7] *Ibid.*, p. 140.

especial. La promesa, pues, expresa mi poder, pero, aún más, lo que me pasa. De hecho, mi poder se forja a partir de lo que me pasa. Describir la situación de forma rigurosa no es nada fácil y es normal que a menudo nos refiramos a ella de forma simplificada. No obstante, hay que procurar entenderla bien y conservar esta comprensión. No es que necesariamente haya algo definido y objetivo que me afecte y yo responda entonces a la afección. Me siento afectado, eso sí, y esta afección tiene un perfil y está relacionada con algo. Pero tal vez este algo no sea nada definible. ¿Es el abrazo de la vida o el roce de la muerte algo que pueda poner bajo el esquema causal? Más bien no. Igualmente, la promesa y el perdón tampoco son una respuesta *ante* la inseguridad del futuro y *ante* la irreversibilidad del pasado, sino una respuesta a lo que *profundamente me pasa* y que, sí, tiene que ver con la inseguridad e irreversibilidad recién mencionadas.

Es verdad que yo *inicio*, pero no desde la nada, sino desde la conmoción. Mi acción de iniciar es una respuesta. Yo, que soy inicio, no he tenido la iniciativa. Mi movimiento, que es inicio, es una respuesta. No es que desde mi supuesta libertad me haga responsable, sino que, al sentirme tocado, genero mi libertad y la oriento.

¿Qué cabe decir de la indiscutible genialidad de Nietzsche al radiografiar la promesa? Pues que observa en ella la manifestación de poder pero que apenas atiende a qué *le pasa* a quien promete. Sin embargo, el yo en dativo es más radical que el yo en nominativo. El yo afectado es más primordial que el yo que dispone y proyecta. Algo *nos pasa*—y *nos rebasa*—, y *respondemos*: ésta es la estructura fundamental de la subjetividad.

LO INOLVIDABLE

Algo nos pasa, y por eso prometemos. Algo nos pasa, y por eso procuramos olvidar. Algo nos pasa muy profundamente, y por eso existe lo inolvidable.

En efecto, disponemos de un gran poder de olvido, pero, no obstante, existe lo *inolvidable*. Salvo breves paréntesis, no puedo olvidarme ni de la vida ni de la muerte. ¿Por qué? Lo inolvidable no es inolvidable gracias a nuestra capacidad de guardar memoria, o gracias a nuestra tenacidad en conservarlo. No depende de nuestro poder que lo inolvidable sea inolvidable, sino de nuestra vulnerabilidad ya abierta. Lo inolvidable es inolvidable, *nada podemos hacer*, y nos constituye en la parte más íntima de nuestro ser.

Lo inolvidable ha llegado, ya no se irá, y nos desborda —nos hiere—con su exceso. Su presencia es a la vez una ausencia. No es nada objetivo: no lo podemos manipular, ni meter en un cajón, ni encapsular dentro de una idea. El abrazo de la vida y el roce de la muerte forman parte de ello.

Lo inolvidable sólo conoce momentos de tregua por el sueño, o por algunas evasiones y paréntesis siempre provisionales. Lo inolvidable espera indefectiblemente tras la cortina de tales evasiones. Evasiones que, de vez en cuando, son necesarias, saludables y curativas—por la gravedad no urgente de lo inolvidable.

Sí, de lo inolvidable, a veces, nos gustaría librarnos. Pero, paradójicamente, también podemos querer recordar lo inolvidable. En verdad, aparece justo aquí una buena definición de la vida espiritual: cuidar de lo inolvidable. Cuidar de lo inolvidable es una forma de responder a ello. Lo inolvidable nos desborda, nos excede. Pero, por suerte, en este desbordamiento se da al mismo tiempo una orientación, algo que me señala una ruta. El cuidado es así atención y esfuerzo para seguirla.

TOCADO, PERO NO HUNDIDO

¿Quién promete?, ¿quién perdona?, ¿quién experimenta lo inolvidable? Precisamente alguien que *está tocado*. Esta expresión resulta muy sugerente: como si lo que más afectara fuera cercano al tacto, al contacto, a la piel. No en vano, la piel—junto con el corazón—es símbolo de la sensibilidad. Por eso, más allá de su actual rigor científico, podemos aprovechar una curiosa y afortunada observación de Aristóteles: «La naturaleza ha dotado al hombre de la piel más fina, en relación con su tamaño».[8] Pues sí, a la pregunta ¿quién es el ser humano?, cabría responder: *el de la piel más fina*. Delgadez, debilidad y ternura: en ellas reside la excelencia de lo humano.

Hay una mirada angustiada, pero también el tacto y las manos pueden estar empapados de angustia. La mano que sujeta ya ha sido sujetada y, si no lo ha sido, lo espera. La mano que toca, ya ha sido tocada. Por eso, el tacto y las manos representan mucho más que la capacidad instrumental. En el uso, ya suele haber más que uso. De ahí que Simone Weil defina el trabajo de esta manera: «Sentir en todo uno mismo la existencia del mundo».[9] Si el trabajo no estuviera alienado, a través de su carácter instrumental, uno mismo vibraría por la afección del mundo. Si el trabajo no estu-

---

[8] Aristóteles, *Peri zôôn genêseôs* [*Sobre el origen de los animales*], v, 2, 781b.
[9] Simone Weil, *Cuadernos*, trad. Carlos Ortega, Madrid, Trotta, 2001, p. 20.

viera alienado, a través de esta mundana relación se daría también una relación con nosotros mismos (reflexividad). Dicho de otro modo: al tocar, nos sentimos; al tocar, nos tocamos. Lo cual demuestra que lo que incrementa la vida no necesariamente es la retirada del mundo, sino un tipo de relación con el mundo; la vida se intensifica en *contacto* con el mundo.

Finura de la piel y tacto son símbolos, pues, de la sensibilidad, de la apertura, de la receptividad. De ahí la letanía que habrá que ir repitiendo: lo contrario de la receptividad es el cierre, y cierre es indiferencia. Quedarse corto en humanidad se descubre como falta de tacto, como frialdad y como indiferencia. La bajeza en humanidad es prólogo de inhumanidad. La merma de humanidad puede que sea compatible con cierto disfrute estético e, incluso, con aparentes refinamientos culturales. Sin embargo, en la fisonomía de tales refinamientos se hará patente la carencia esencial: tarde o temprano, la frialdad no puede disimularse.

Formando parte de la misma letanía, hay que repetir, como añadido indispensable, que la inhumanidad es muda, porque las palabras que eventualmente la podrían acompañar no son respuesta—no son palabras—. En efecto, la escucha es como el tacto. También la palabra que viene te toca. Saber escuchar es dejarse tocar. Y sólo habrá habla verdadera cuando hayamos escuchado. La palabra que viene entra tanto por el oído como por la porosidad de la piel. La palabra que viene y te toca no te hace callar; no te condena al mutismo, sino al contrario, te hace responsable; es decir, pide que respondas. La palabra que viene no se impone a la tuya: *te da la tuya*. Y atención: también guardar silencio es propio de quien responde. El silencio humano es expresión de alguien que entiende que su hablar es una respuesta; una respuesta que podrá ser, según las situaciones, gozosa o dolida, valiente o dudosa, exclamativa o discreta…

Sentirse tocado, encontrarse oyendo una palabra que llega, son indicios muy notables de que la situación más fundamental no es ni la del poder ni la de la impotencia, sino la de una vulnerabilidad básica que resulta ser condición de posibilidad de ambos—poder e impotencia.

Finura de la piel física y espiritual: vulnerabilidad. Finura de la piel que ha permitido el corte y la apertura invisible. Finura de la piel que nos da el privilegio inasumible de la herida infinita. He aquí lo mismo: finura de la piel, vulnerabilidad del alma.

Paradójicamente, la piel fina se mantiene a pesar de—o gracias a—los callos provocados por la dureza del trabajo. Andréi Platónov, en la novela que titula justamente con la palabra *Dzhan*—que significa 'alma'—, narra las vidas de personas sencillas marcadas por la dificultad.[10] Personas que no tienen nada, pero sí alma, mucha alma, porque alma es el nombre dado a la capacidad de sentir y de sufrir y, por eso mismo, de pensar y de luchar. Acostumbradas al frío y a la dificultad, las manos ásperas y endurecidas lloran lágrimas vivas al más minúsculo contacto con el calor y la ternura del otro. En cambio, muy a menudo, hay manos que, pese a parecer de piel blanca y fina, en realidad son frías e insensibles. Hay personas humildes a quienes se les da la mano y enseguida se les humedecen los ojos. Porque manos y ojos son el rostro visible e invisible del alma.

---

[10] Andréi Platónov, *Dzhan*, trad. Amaya Lacasa, Logroño, Fulgencio Pimentel, 2018.

V

HERIDO, EN EL CENTRO MÁS PROFUNDO DEL ALMA

EL REPLIEGUE DEL SENTIR

Yo herido es una expresión indivisible, como *yo puedo*. El yo es el yo herido, es decir, abierto y definitivamente alcanzado por algo que le acontece y le constituye. No es que el *yo puedo* se hiera, sino que el *yo herido* puede. ¿Qué, si no, está detrás del enésimo sacrificio? ¿Qué, si no, detrás de la enésima promesa? ¿Qué, si no, detrás de la enésima compasión?

La herida presupone una verdadera apertura. Las palabras *afectabilidad*, *vulnerabilidad*, *sensibilidad* o *pasividad* son igualmente acertadas para indicar esta apertura, siempre y cuando, eso sí, recuperen su fuerza más propia y no se empleen automáticamente. Para evitar tal inercia, para tratar de introducir una imagen sugerente, para tener la oportunidad de repasar las cosas desde la base y, sobre todo, para mostrar su potencial explicativo, he propuesto el concepto de *repliegue del sentir*. Ser humano implica haber alcanzado un grado tan elevado de apertura que la línea ascendente de la sensibilidad, de tan alta, se curva hacia abajo y se pliega sobre sí misma, dando lugar a más anchura, a más profundidad. Sensibilidad, pues, altísima y honda. Un sentir redoblado: he aquí lo humano. El repliegue del sentir, afección máxima, justo por la profundidad y por la doble línea del repliegue, es una especie de reflexividad radical: siento que siento, inevitable y maravillosamente.

Este *sentirse* es claridad y situación—ser situado—. La palabra *consciencia* vino bastante tardíamente para indicar esta claridad de base. Pero prefiero no abusar de ella, porque no le veo demasiadas ventajas en comparación con la terminología más radical del sentir: sentimos que sentimos, y de este modo, para nosotros, los humanos, vivir significa *encontrarse, sentir-se situado*. Este sentirse situado es, sí, claridad: nos damos cuenta. La claridad es una de las expresiones del repliegue del sentir. Pero ahora lo que más me interesa no es tirar de este hilo, tan y tan determinante para entender la filosofía moderna, sino de otro hilo paralelo, muy revelador de lo que significa la singular excelencia de lo humano, a saber, el tipo de afección que provoca el repliegue y que se produce gracias al repliegue.

Del mismo modo que cuando el niño crece acaba por levantar la cabeza por encima del antepecho de la ventana, cuando la sensibilidad crece, se pasa un umbral especial; es el umbral de lo humano. Desde luego, uno no puede dejar de admirarse ante la evolución biológica, pero el misterio se da porque esta evolución lleva a una altura (a una ventana) a través de la cual nuestra fibra sensible queda tocada incluso por lo que sobrepasa el ámbito estrictamente cósico y objetivo. La excelencia del ser humano consiste en haber llegado al alféizar de la ventana—de la ventana metafísica—por encima del cual se produce *la herida infinita*.

La herida infinita es, al mismo tiempo, expresión de la infinitud que afecta y generación de la interioridad. También aquí es mejor no usar el esquema causal; traspasar el umbral significa, *al mismo tiempo*, repliegue del sentir y herida infinita. La amplitud de la interioridad (*sí mismo, subjetividad, yo…*) se da junto con esta afección honda e inédita a modo de herida. Repliegue del sentir y herida infinita se producen al mismo tiempo, y de pies a cabeza. El *alma* emerge como alma herida. El alma es mi vibración por la herida infinita.

De este modo vamos acercándonos paulatinamente a nuestra meta: ¿quién es el ser humano? *Alguien, que tiene nombre, herido por lo infinito.*

Pero ¿se trata de una herida infinita o de más de una?

EL CORTE CRUCIFORME DE LA HERIDA INFINITA

El infinito es indefinible, y el exceso del infinito, en nosotros, también. Se trata, pues, ahora, de ensayar una aproximación cauta y flexible. Así, por ejemplo, no se debía a un error el hecho de que cuando Karl Jaspers explicaba su teoría de las *situaciones límite*, no siempre las enumerara de la misma manera.

En pro de tal flexibilidad diremos que las heridas infinitas están *intersecadas*; que el corte de cada una toca al de las demás, de modo que cada una tiene algo de las otras. Este vínculo permite hablar tanto de cuatro heridas infinitas como de una sola formada por el corte concéntrico de cada una de las cuatro.

¿Cómo podríamos empezar a nombrar tales heridas? De la inspiración poética recibimos un apoyo y un regalo inestimables. Con la más sincera admiración cito el poema «Llegó con tres heridas», de Miguel Hernández, que tantas veces hemos oído cantar:

> Llegó con tres heridas:
> la del amor,
> la de la muerte,
> la de la vida.
>
> Con tres heridas viene:
> la de la vida,

la del amor,
la de la muerte.

Con tres heridas yo:
la de la vida,
la de la muerte,
la del amor.

Que *yo*—que cada *yo*—pueda ser definido a partir de estas heridas tan profundas; que la vida y el amor sean dos de ellas, es decir, que se puedan entender como heridas; que pueda haber una relación—o una dramática—entre las tres; o incluso que las tres no sean más que nombres de la misma herida,[1] no es ni casualidad ni artificio alguno. La privilegiada inspiración del poeta da un fruto exquisito. No obstante, y con la flexibilidad ya mencionada, la enumeración de las heridas infinitas que hago aquí es cuádruple—y con alguna pequeña variación más—: la herida de la *vida*, la de la *muerte*, la del *tú* y la del *mundo*.

Las cuatro heridas infinitas forman un corte en forma de cruz apaisada. En el punto central convergen las cuatro incisiones de modo que cada una de ellas toca a las otras tres:

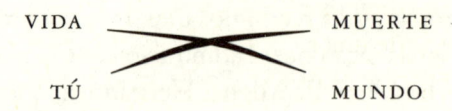

VIDA		MUERTE
TÚ		MUNDO

En esta enumeración correlaciono *lo* que hiere con el nombre que podría darse a la herida que deja. El ser humano como herido por *la vida, la muerte, el tú* y *el mundo*.

---

[1] «Escribí en el arenal | los tres nombres de la vida: | vida, muerte, amor», Miguel Hernández, *Poesía esencial*, Madrid, Alianza, 2017, p. 263.

A la herida de la vida cabe llamarla *gusto*; a la del tú, *amor*; a la de la muerte, *angustia*; y a la del mundo, *asombro*. Expresado más plásticamente: el gusto es el *abrazo de la vida*; la angustia, el *roce de la muerte*; el amor, el *presente del tú*, y el asombro, el *misterio del mundo*. De paso, esta aproximación un poco más metafórica ayuda a mostrar el uso particular y amplio del término *herida* aplicado a cada una de estas cuatro afecciones. La herida de la vida, que es el abrazo de la vida, es el gusto inherente al sentirse viviendo. La herida de la muerte es la angustia—en el sentido específico que Kierkegaard y Heidegger otorgan a esta palabra—. La herida del tú es el amor, sobre todo en sus modalidades más fuertes y significativas. Y la herida del mundo corresponde a la temática clásica del *thaumazein*, del asombro, pero entendido con toda su fuerza, antes de quedar lenificado con el esquema de una admiración reducida a la dimensión cognitiva.

Cuatro heridas y una sola incisión. O cuatro incisiones y una sola herida. Esta sencilla figura unificada ayuda a entender la enorme proximidad de las experiencias fundamentales: gusto, angustia, amor y asombro. Hay una zona central de significativa intersección y de tránsito entre todas ellas. Lo sabemos por propia experiencia: ¡qué fácil es, no sólo pasar de una a otra, sino sentir cómo se conectan! A partir de ahora, pues, hablaré indistintamente de la herida infinita; de las incisiones de la herida infinita; o de cada una de las cuatro heridas infinitas.

Antes de continuar desplegando el tema, debo añadir algo. Al dibujar el corte cruciforme, se advierte un paralelismo que merece señalarse. El Heidegger tardío ensaya una figura curiosa en su quehacer perenne de pensar el ser; de pensar lo que no es ningún ente (ninguna cosa) y que, sin embargo, según él, nos es lo más cercano. Superpone un aspa sobre la palabra ser: s̶e̶r̶,[2] y aclara que, con el aspa, quiere sugerir lo que él llama la *cuaternidad* (*Geviert*), esto es, una especie de estructura, de juego, entre los mortales, los divinos, el cielo y la tierra. Así pues, sostiene que pensar el ser es pensar el aspa de la *cuaternidad*, y que el hombre es uno de los elementos del aspa. No el centro: el centro es el ser. Heidegger, con el aspa, quiere pensar, sobre todo, el ser; por mi parte, con la herida, procuro pensar, sobre todo, el ser humano. Por un lado, aspa del ser (s̶e̶r̶), y, por otro, herida cruciforme del humano (h̶u̶m̶a̶n̶o̶). Consecuentemente, Heidegger más bien descarta identificar su filosofía como un nuevo humanismo. Y tiene razón, porque es mejor dejar los «ismos» aparte. Pero, una vez dicho esto, a mí no me estorban las resonancias de la palabra *humanismo*. Con alguna semejanza, sí, pero formal y materialmente irreconciliables: aspa del ser y herida del humano. Esta segunda es mi cruz, que en absoluto es una variación de la heideggeriana, sino una alternativa.

Incisión cruciforme de la herida infinita: he aquí la esencia de la vida humana. El repliegue del sentir se ha producido junto con, e inseparablemente de, la herida infinita. Se puede decir, al mismo tiempo, que el repliegue ha permitido que se produzca la herida, y que la herida ha provocado la profundidad y la interioridad del repliegue. El esquema secuencial queda aquí superado.

Algunas aclaraciones serán beneficiosas para concebir adecuadamente el significado de la incisión cruciforme. Tal vez, en la enumeración propuesta (vida, muerte, tú, mundo), alguien eche de menos la palabra *Dios*. Pero no es que no esté. La arqueología de Dios es el misterio del mundo,

---

[2] Martin Heidegger, «En torno a la cuestión del ser», en: *Hitos*, trad. Helena Cortés y Arturo Leyte, Madrid, Alianza, 2000, p. 333.

en el panteísmo, y es el misterio del tú en los monoteísmos, sobre todo en el cristiano.

La dificultad de enumerar está motivada, en parte, tal y como ya estamos viendo, por la *infinitud* de cada herida. Son afecciones de lo que no puede ser perfectamente *determinado*, como sí puede serlo, por ejemplo, una partida de ajedrez, un patinete, o un kilo de harina. Lo que afecta no entra en ningún campo intencional (y normativo) de proyectos. Y, por tanto, es de alguna manera *infinito* (no finito), revelador de una especie de *profundidad*—o de *alteridad*—radical.

La herida se te abre y te excede. Su exceso indica tanto la infinitud como la imposibilidad de sutura. La incisión es hacia dentro, pero su efecto te circunda y te cala íntegramente. Y tú no puedes hacer lo mismo; ni la abarcas, ni puedes abrazarla.

Las incisiones de la herida infinita son *diacrónicas*, en el sentido de no instantáneas. Se van produciendo, y a pesar de que ya desde el primer momento son profundas, pueden llegar a serlo aún más. Vivir equivale a estar cada vez más excedido por ellas, y aprender a vivir es aprender a acompañar y a responder tal exceso, aunque la respuesta llegue siempre con retraso. En efecto, debido a su exceso, nunca podremos ser plenamente contemporáneos de la herida. ¿Cómo podríamos ser contemporáneos del infinito? Sobrepasados y siempre con retraso, nunca terminamos de ser lo suficientemente contemporáneos de nuestro haber venido a la vida, ni de nuestra experiencia de la muerte. El retraso significa que no conseguimos responder del todo. Aprender a vivir es, también, aprender a asumir este retraso, hacerse cargo, y saber que la respuesta, aun siendo apropiada, nunca estará a la altura. Cuando no hay respuesta, o cuando resulta claramente desajustada e impropia, el exceso puede convertirse en insoportable, y la falta de contención, en patológica.

El retraso de la respuesta se conjuga con la *imposibilidad de suturar* las heridas infinitas. En realidad, el carácter especialísimo de estas heridas hace que no pidan ser cicatrizadas sino, como decíamos, acompañadas. Por tanto, no se trata en absoluto de querer cerrarlas —esto es, de querer superarlas—, sino de corresponder adecuadamente a su movimiento. A la *pasividad* de la herida corresponde la *pasión* de la respuesta. De tal manera que la cura, paradójicamente, no va en la dirección ni de suturar ni de taponar, sino de moverse acompañando y creando. Incluso podría ocurrir que la mejor manera de acompañar una herida fuera profundizarla y exasperarla.

La cura confía en que la herida infinita *genere*. La herida infinita es como un surco, un surco en el ser humano, un surco que genera lo humano y que pide cultivo (cura y cultura). La herida es surco donde la infinitud de lo que hiere deja una semilla susceptible de crecer, madurar y dar fruto. El cuidado del alma no es sino un trabajo gigantesco sobre tales surcos. Ya he avanzado, sin embargo, que la fecundidad de las heridas infinitas no tiene nada que ver ni con el dolorismo masoquista ni con ningún tipo de alabanza o de justificación del sufrimiento. Como tampoco tiene nada que ver con el refrán —muy repetido porque se ha visto reforzado por teologías que, en este punto, se alejan de la vida— según el cual «no hay mal que por bien no venga».[3] Pues no: nada de eso; absolutamente nada. En rela-

---

[3] Evidentemente, el «por» es de finalidad, es decir, equivale al «para». Se dice que no hay ningún mal que, en cierto modo, no venga para traer (final o mediatamente) algún bien. En gran medida, corresponde a la idea expresada, entre otros, por san Agustín: *ex malo bonum* ('del mal viene

ción con el mal y el sufrimiento, combate sin tregua, ahora y siempre. Lo cual no impide que cada uno procure hacerse a sí mismo a partir de todo lo que le pasa, incluso de lo más doloroso.

Cada uno se determina a sí mismo con este mantenerse en la crisis de la herida y en la paciencia de la respuesta, es decir, en la inacabable vocación de responder. Esto es lo más humano del ser humano: la herida infinita y el cuidado—la atención—de la respuesta. Atención sostenida, paciencia. *Pathos* y movimiento de la respuesta.

Estar tocado-herido provoca atención hacia lo que nos hiere pero, al mismo tiempo, hacia nosotros mismos como sujetos pasivos de la herida. Trascendencia y reflexividad: juntas. La atención a lo que nos desborda es a la vez atención hacia nosotros mismos como desbordados—atención, esta segunda, vacunada, pues, contra todo tipo de cierre y de ensimismamiento.

Según cómo se mire, la historia entera del pensamiento filosófico no es más que una monumental glosa de las cuatro heridas infinitas. Y, aunque sólo sea para indicar mínimamente su alcance, hago, a continuación, una brevísima referencia a cada una de ellas.

EL ABRAZO DE LA VIDA

La vida nos viene, pero no de fuera, sino de dentro. El abrazo de la vida no es el abrazo etéreo de una Vida Universal. Deviene circundante, sí, pero desde la radicalidad. Se abre desde la raíz, y la especial mezcla de claridad y de calidez

---

el bien'), que contradice la frase de Séneca: *bonum ex malo non fit* ('el bien no surge del mal').

que da lo empapa todo. Sentirse vivir es sentirse vivir en la claridad y la calidez que se proyectan en todos los contenidos de la vida. Por eso cabe hablar del disfrute, o quizá aún mejor, del *gusto* de la vida. Vivir es un gusto. La vida va y da gusto. Por eso la herida de la vida es *dulce*. Y, por eso, intensificar la vida es procurar potenciar su sabor, hacerla todavía más sabrosa. Todo sufrimiento se definirá por contraste. Toda pena cae amargamente sobre la vida.

Como el abrazo de la vida es el (buen) gusto y el sabor de la vida, la claridad de la vida es una claridad cálida y dulce. Buen gusto del básico saberse. El saber sabe. Buen *sabor* del *saberse* viviendo, del sentirse viviendo.

Ya se habrá adivinado: el abrazo de la vida es el propio repliegue del sentir; es el abrazo que desde entonces incluirá todas las *cosas de la vida*: yo con el tapiz de relaciones de la situación fundamental. Porque no hay un yo *puro* ni una vida *desnuda*. El repliegue es el abrazo que circunda todos los contenidos de la vida: todo lo que me pasa, todo lo que hago. El repliegue es el abrazo que vibra y que hace vibrar todo lo que abarca.

Y, precisamente por este abrazo gustoso de la vida, ni siquiera la necesidad es mera necesidad. Tal vez sea éste el error de cierto estoicismo. La necesidad es, en el ser humano, también el contenido y, por tanto, el gusto de la vida. Vivimos del aire que respiramos, y no sólo respiramos para vivir. En el ser humano, las necesidades son trascendidas a contenidos y alimentos de la vida misma. Por eso, comer pan se parece a descubrir un teorema matemático o a cantar una canción. El pan no es sólo un medio, sino, como la canción, o la contemplación matemática, gusto de la vida. «¡Espero que les guste!», dice el camarero. Y sí, en el banquete de la vida, las cosas dan gusto.

La herida de la vida hace que vivir sea sentirse viviendo

en este tapiz de relaciones. El reflexivo involuntario—sentirse—es la independencia y la subjetividad del yo—soy yo quien se siente—, pero una independencia que está hecha de continuas dependencias con todos los contenidos de la vida.

Me sumo a la sabia idea popular según la cual «hay que procurar ser feliz con poco». Ahora bien, me sumo con la condición de que se acentúe y se interprete convenientemente este *poco*. Hay que ser sutil, y darse cuenta de que, en realidad, este poco es mucho. Es un poco que no significa *casi nada*, sino *lo esencial*. El antónimo de este poco es el *demasiado* que, más que llenar la vida, la satura y la empacha. Se necesita poco para vivir... este poco es una maravilla: pan, casa y canto. Cuando Violeta Parra escribe la canción titulada «Gracias a la vida», no sugiere un largo listado de cosas por las que se debe dar gracias; sólo menciona algunas, pero suficientes para expresar lo más importante. Poco es mucho. Y demasiado, nada.

La herida de la vida es el abrazo sabroso y vibrante que viene de dentro y que, abriéndose, reúne este gran poco.

EL ROCE DE LA MUERTE

El roce de la muerte, en cambio, es el temblor, el estremecimiento del repliegue del sentir, la angustia. El ser humano es mortal, no por el hecho del deceso, común a todos los seres vivos, sino porque sentirnos tocados por este destino inevitable es lo que más condiciona nuestra manera de vivir.

Platón ya enseñaba que filosofar es aprender a morir. Otros lo han ido recordando oportunamente. ¿Qué significa esto si no que la filosofía es una cura—un acompañamiento—de la herida de la muerte? Pero ahora me alejaré un poco de este guión más clásico y ejemplificaré la herida de la muerte a partir de la confesión, lacónica y conmovedora, del escritor sueco Stig Dagerman:

Estoy desprovisto de fe y no puedo, pues, ser dichoso, ya que un hombre dichoso nunca llegará a temer que su vida sea un errar sin sentido hacia una muerte cierta. No me ha sido dado en herencia ni un dios ni un punto firme en la tierra desde el cual poder llamar la atención de Dios; ni he heredado tampoco el furor disimulado del escéptico, ni las astucias del racionalista, ni el ardiente candor del ateo. Por eso no me atrevo a tirar la piedra ni a quien cree en cosas que yo dudo, ni a quien idolatra la duda como si ésta no estuviera rodeada de tinieblas. Esta piedra me alcanzaría a mí mismo, ya que de una cosa estoy convencido: la necesidad de consuelo que tiene el ser humano es insaciable.[4]

Me interesa, sobre todo, llamar la atención sobre la última frase, que, de hecho, fue la que el propio autor escogió como título para publicar su breve escrito en una revista en 1952. No podría ser más reveladora, ni avenirse mejor con lo que ahora procuro contar. Nuestra necesidad de consuelo es *insaciable* porque la herida es *infinita*. El consuelo es el cuidado, el acompañamiento, la interminable respuesta a la herida.

Stig Dagerman acabó suicidándose; suceso al que siempre hay que acercarse con mucho respeto. Consecuentemente con lo defendido hasta aquí, creo que el suicidio, más que un acto de soberanía (del yo puedo), es un acto de desesperación y de cuidado (del yo infinitamente herido). Tanto el suicidio como la intención de evitar el sufrimiento a la hora de morir, han de entenderse desde la antropo-

---

[4] Stig Dagerman, *Nuestra necesidad de consuelo es insaciable…*, trad. Josep Maria Caba, Logroño, Pepitas de Calabaza, 2020, p. 7.

logía de la herida más que desde la antropología del poder. Mientras que esta segunda facilita usar expresiones inadecuadas como «el derecho a disponer de la propia vida», la primera, además de evitar dogmatismos, ayuda a entender situaciones humanas llevadas al límite. Procurar ayudar a bien morir no es algo que se haga desde ninguna soberanía, sino desde el más auténtico espíritu de la cura. Como médicos heridos debemos intentar ayudar a los demás, incluso a morir. Lo que cuenta es sin duda la significación del gesto. Con todo, se podría decir que hay continuidad ontológica entre *esperar* que llegue la muerte y hacer algo para que llegue antes y poder, así, ahorrar el exceso del exceso de sufrimiento. Digo que hay continuidad porque, en ambos casos, la muerte sigue presuponiendo la total pasividad. Esto es, la muerte siempre viene. Incluso en el caso del suicidio: *provocar* la muerte es llamarla para conseguir que *venga* antes. Pero sigue siendo verdad que es ella la que viene. Desde esta perspectiva, ni eutanasia ni suicidio son *ofensas*, sino amparo y cuidado desesperados. Ahora bien, no me cansaré de repetir que todo gesto sensato y valioso puede verse degenerado y traicionado al perseguir otros objetivos muy diferentes a los del cuidado y el amparo. (De paso, aprovecho la ocasión para señalar que con mi empeño no hago más que seguir una máxima clásica: *corruptio optimi quae est pessima*, esto es, la corrupción de lo mejor es lo peor).

La vibración producida por el roce de la muerte se sintetiza con la vibración del abrazo de la vida en una sola resonancia, presente en todo mortal, en intensidades variables según los momentos. Pero esta síntesis es especial. Nunca deja atrás el temblor del roce de la muerte. El exceso de la herida de la muerte inquieta la vida. Y es, verdaderamente, un exceso. Ya hemos insistido en que no estamos hablando estrictamente del hecho de morir, sino de cómo la muerte es una herida que dura toda la vida. Tampoco estamos hablando sólo del tópico de la *vita brevis*, sino de que toda vida humana está traspasada y sacudida por la vida misma y por la muerte, por el sabor dulce de la vida y por el escalofrío de la muerte. El problema no es que la vida sea breve, sino que esta brevedad hiera la vida de pies a cabeza. Herida de lo inasumible, roce y amenaza insobornable sobre todos los que tenemos nombre. La herida de la finitud es infinita. Por eso la necesidad de consuelo es insaciable.

EL REGALO DEL TÚ

Por suerte, en la escena de la situación fundamental, además del abrazo de la vida y del roce de la muerte, hay más «personajes», que llevan a que el drama sea bastante más complejo. La presencia del tú es tan intensa que también abre en nosotros una herida. Y la presencia del tú es tan singular que resulta irrepresentable. Presencia sin re-presentación. Rostro, nombre. Presencia, de tan presente, casi invisible. Con una significación nítida: no matarás, harás compañía; pero significación no sólo imperativa, ya que es generadora de todas las modalidades del amor.

Regalo (presente) inconmensurable en forma de orientación: te confirma que no matar y hacer compañía es lo que más sentido tiene de todo lo que tiene sentido. Y regalo inconmensurable en forma de reconocimiento y de amor recibidos. En otras palabras: regalo inconmensurable como encuentro con los que quieres y con los que te quieren.

Presencia del tú que da presente, porque da consistencia al mundo, y también da confianza, para que puedas mantenerte en pie. En relación con este tipo de presencia, viene a colación el siguiente pasaje de *Si esto es un hombre*, de Primo Levi: «Creo que es a Lorenzo a quien debo el estar hoy vivo; y no tanto por su ayuda material como por haberme recordado constantemente con su presencia, con su manera tan llana y fácil de ser bueno, que todavía había un mundo justo fuera del nuestro...».[5]

El tú no aplasta: te regala horizonte. Si aplasta, ya no es tú, o nunca lo ha sido: es una degeneración tiránica. La grandeza del tú siempre tiene que ver con el espacio que te deja, con el regalo que te hace. Así se han caracterizado las personas sabias y espirituales de todas las épocas: por el bien que te hacen, por el espacio que te abren, por la confianza que te dan... Y es así, también, cómo se podría introducir el amor del tú divino, que visita y se retira. ¿Podría ser que la ausencia fuera una retirada generosa? El tú divino se retiraría, no sólo por su alteridad, sino para dejar espacio. La contención sería su generosidad. En la primera de las canciones del *Cántico espiritual*, Juan de la Cruz habla de la visita del Amado que lo deja herido: «... habiéndome herido; | salí tras ti clamando, y eras ido». Lo que hiere es la flecha del amor, la llama del amor. Alma humana herida por el amor humano y por el amor divino. Dios hiere el alma y entonces ésta reacciona buscando prestamente a quien lo ha bienherido, pero no lo encuentra y siente su ausencia. La herida, pues, no cura (ni se cura). Sin embargo, según Juan de la Cruz, se trata de «*heridas espirituales de amor, las cuales son al alma sabrosísimas y deseables...*».[6] La coincidencia de los grandes poetas es literalmente una (buena) conspiración. Fíjense en estos versos de Paul Verlaine: «*Ô mon Dieu, vous m'avez blessé d'amour | Et la blessure est en-*

---

[5] Primo Levi, *Si esto es un hombre*, trad. Pilar Gómez, Barcelona, Muchnik, 1987, p. 129.
[6] *Vida y obras de San Juan de la Cruz*, Madrid, BAC, 1946, p. 922.

core vibrante» ('Oh, Dios mío, me habéis herido de amor | y la herida vibra todavía'). Versos con tres términos clave: *tú*, *herida* y *vibración*; los mismos términos que, no por casualidad, coinciden con los que ahora mismo estamos usando.

Y que nadie se confunda. La herida es, primordialmente, humana, muy humana. El hijo *encuentra* a los padres, y los padres, al hijo. Y el *encuentro* se prolongará toda la vida. Hará falta generosidad amorosa en forma de retirada. Con una compañía que es ya retirada, pero que nunca dejará de vibrar.

EL ASOMBRO DEL MUNDO

Para advertir que el mundo es una de las cuatro heridas infinitas, no hay que forzar nada. Basta interpretar adecuadamente uno de los tópicos más antiguos, es decir, llevar lo que se repite a la experiencia en primera persona. Desde Platón y Aristóteles se afirma que la filosofía surge de la sorpresa y de la admiración (traduciendo el *thaumazein* griego, y la *admiratio* latina). ¿Qué significa esto?

Aunque prácticamente equivalente, *mundo* no es exactamente lo mismo que *situación fundamental*. Tanto se puede decir que el mundo forma parte de la situación fundamental como que la situación fundamental forma parte del mundo. Llamo situación fundamental justo a eso: a nuestra *situación* en el mundo y al rasgo más determinante de esta situación, que es la intemperie (el descubierto, la no posesión del sentido...). En nuestra situación, sin embargo, no todo es intemperie. Se nos dan cosas beneficiosas, y horizontes orientadores. Llamamos mundo a las cosas y al conjunto de todos los horizontes. Si bien cuando hablo del mundo puedo destacar la luz y la belleza, en su inmensidad también está la noche que conecta con el rasgo sobresaliente de la situación fundamental. De ahí que la maravilla se conjugue con la oscuridad. El auténtico *thaumazein* tiene que ver con la experiencia de este desbordamiento que nos abruma, tanto por la inmensa claridad como por la inmensa oscuridad de su reverso. Dicho de otro modo: mientras que cuando se habla de mundo se tiende a objetivar un poco más (el mundo como algo que tenemos enfrente), cuando se habla de situación fundamental se acentúa nuestro estar en situación y lo que allí más nos afecta.

Esperando ser lo suficientemente meticuloso al nombrar la herida abierta por el mundo, propongo emplear la palabra *asombro*, recuperando, sin embargo, su sentido más originario, que indica algo así como entrar en una zona de sombra o ver cómo algo se ensombrece. E insistiendo, además, en que *asombro* se interprete en sentido pasivo: me hallo en la sombra, es decir, la sombra cae sobre mí. Algo *muy grande* me sorprende y asombra. Sólo así podríamos dejar de lado la distancia sugerida por la admiración y subrayar, en cambio, el hecho de encontrarnos adumbrados, esto es, afectados por la inmensidad y por la sombra. Algo nos excede y se proyecta sobre nosotros, emplazándonos en una zona de sombra que en cierta medida nos maravilla y, al mismo tiempo, nos perturba. El asombro es la zona donde la claridad—la evidencia—queda medio suspendida. Declive o depresión de la claridad, y perturbación de mi lugar habitual en medio de las cosas. El concepto de asombro, así entendido, correspondería al de *problematicidad* de Patočka o al de *ocultamiento* (*Verborgenheit*) de Heidegger. Depresión del día; depresión de la «normalidad»; depresión de la evidencia, y depresión de la seguridad; depresión, también, de las cosas y paradójica experiencia de un ocultamiento. La depresión de la evidencia es, al mismo tiempo, una especie de revelación de la profundidad. Casi, de forma literal, el asombro es el hecho de empezar a notar la noche tras el día, la oscuridad detrás de la luz. Asombro u oscurecimiento como situación donde oscurece y puedes quedarte a oscuras. Porque quedarse a oscuras no es sólo no ver casi nada, sino, también, no entender casi nada. La intemperie ya sugería, en parte, esta oscuridad. El asombro, como declive de la luz y de la calidez, conecta, obviamente con la intemperie. Es sólo una diferencia de grado: puesto que al hablar de mundo tiendo a objetivar un poco más, va bien entonces utilizar el término *asombro*. Puesto que, al hablar de situación fundamental, no objetivo tanto, procede más la radicalización sugerida por *intemperie*.

En suma, si bien el *thaumazein* griego fue traducido por la *admiratio* latina, al traducirlo por *asombro* tenemos la oportunidad de recuperar y de hacer valer la fuerza de esta experiencia. La admiración ante la belleza del firmamento se desplaza hacia el asombro por la inmensidad de la noche. La admiración ante la maravilla del aparecer se desplaza hacia el asombro por el fondo que se oculta y que, sin embargo, proyecta sobre nosotros un inquietante campo sombrío.

A colación de todo esto, pero sólo a título anecdótico, me parece especialmente sintomático el recorrido que hace Tomás de Aquino cuando intenta explicar la pasión del miedo: se pregunta si la admiración tiene algo que ver con el miedo y recuerda que, como decía Aristóteles, los filósofos se mueven por la admiración a inquirir la verdad. Pero como el temor, más que a inquirir, lleva a huir, está claro, dice el Aquinate, que la admiración no es una especie de temor.[7] De modo que responde negativamente a la pregunta de si la admiración tenía algo que ver con el miedo. Sin embargo, lo cierto es que se hace la pregunta. ¿Y por qué

---

[7] Tomás de Aquino, *Summa Theologiae*, 1-2, q. 41, a. 4.

habría de hacérsela si la distancia entre admiración y miedo fuera tan nítida? Sospecho que la pregunta confirma veladamente la relación. En la *admiratio* que procedía del *thaumazein* había latente algo conmovedor, hiriente. También Lévinas, aunque no hablando del mundo, escribe esta afortunada expresión: «*traumatisme de l'étonnement*».[8] Pues sí, eso es: herida—traumatismo—del asombro.

DRAMÁTICA DE LAS HERIDAS INFINITAS

Que cada una de las heridas infinitas se interseque con las demás significa que hay interrelaciones, es decir, que en la perspectiva temporal se produce una dramática de las heridas; una biografía con secuencias particulares de exasperaciones. La dramática de las cuatro heridas infinitas es la dramática de la vida.

La herida de la vida es la primordial, y es como la condición de las demás. En el orden dramático, esto llevará a hablar, por ejemplo, de los golpes recibidos, de las decepciones, de las desgracias… Sobre la base del gusto y del disfrute de la vida se define todo sufrimiento. Multitud de cuentos y de narraciones tienen esta misma secuencia típica: las cosas empiezan bien, pero luego se estropean. El libro de Job es el paradigma de tal sucesión: érase un hombre muy afortunado, pero sobrevino la desgracia…

Los golpes recibidos son anticipos que ya forman parte de la herida de la muerte. La muerte y el miedo a la muerte se ciernen sobre el gusto de vivir, y definen una de las tensiones dramáticas más significativas. Si la incidencia es

---

[8] Emmanuel Lévinas, *Totalité et Infini*, París, Kluwer Academic, 1978, p. 71.

demasiado fuerte, entonces casi no se vive. Pero si uno quiere evadirse de esta tensión, entonces la vida se convierte en caricatura, y algo valioso se pierde. Justo por eso, aprender a vivir es aprender a morir, y viceversa. Una ligereza infantil y del juego cambiará de tono *después* de haber irrumpido la experiencia de la finitud. Desde entonces, la levedad se sentirá vinculada a la gravedad, y el juego también. Continuar jugando *pese* a todo, forma parte del aprender a vivir.

Afortunadamente, como ya se ha dicho, el drama de la vida siempre es más complejo, pues están las otras dos tensiones primordiales. En el escenario de la situación humana, existe el tú y el amor. Y el amor es tan fuerte como la muerte. El amor no sólo descentra (y relativiza), sino que, al mismo tiempo, introduce una nueva orientación. No sólo estamos destinados a la muerte, sino orientados al tú. Y el amor hacia el tú (y del tú) forma parte del gusto de la vida, pero lo trasciende. Sufrir por el otro es también orientación y sentido. Mi obra hacia el tú no sólo busca la intensificación de la vida, sino del sentido.

Finalmente, la otra tensión dramática, ligada a la vida y a la muerte, y al amor, es la del mundo; la del día y la noche del mundo. Ambivalencia de una situación que es a la vez intemperie y horizonte, descubierto y casa… Las metáforas de la luz son las más usadas en esta dramática. Luz, pero también oscuridad del mundo. Celebraciones de la luz, y conjuros de la oscuridad. Pero, también, las más discretas pero significativas revelaciones de la penumbra, de la media luz, y del crepúsculo. En los tránsitos de estos momentos, así como en el suelo, ora consistente y árido, ora fangoso, tienen lugar los encuentros de la vida con el amor y con la muerte.

Baste por el momento este breve apunte para indicar cómo en la incisión cruciforme de la herida infinita se va grabando el guión singularísimo de cada vida humana.

VI
GRAVEDAD Y CURVATURA POIÉTICA

PROFUNDIDAD

Así pues, las heridas infinitas llegan hasta lo más hondo, hasta el centro, hasta el centro del centro. Pero en un sentido muy especial: no hasta un centro preexistente, sino hasta un centro creado por ese mismo movimiento; el centro que soy yo mismo. De la santa compañía de Juan de la Cruz, aún hemos de beneficiarnos de estos otros conocidos versos:

> ¡Oh llama de amor viva,
> que tiernamente hieres
> de mi alma en el más profundo centro!

Además de poner de relieve la ternura de una herida, la del amor, añade que tal afección se produce «de mi alma, en el más profundo centro». Al margen de la interpretación de índole mística que propone el mismo Juan de la Cruz, con agradecimiento, podemos tomar prestada esta inédita y espléndida expresión. Del alma solemos hablar como algo que ni tiene partes ni es extensa. ¿Cómo, pues, podría tener centro? «En el más profundo centro» indicaría el punto del repliegue del sentir cuya vibración provoca un nudo en la garganta y *nos entrega*. No es que nos entreguemos, sino que, involuntariamente, nos sentimos entregados; rendidos a aquello sobre lo cual carecemos de poder alguno. El centro más profundo no precede a la herida infinita, sino que viene producido por ella. Entregados por la angustia o entregados por el amor. Éxtasis por el amor, éxtasis por la angustia. No necesitamos ningún sheriff que nos arreste y nos entregue como presos. Las heridas infinitas nos entregan. Nos entregan y, paradójicamente, también pueden liberarnos de lo que menos debería contar y constreñirnos.

El centro de la persona es el alma. Y ¿qué es el alma? Lo más vivo. El centro de la persona es lo más vivo de ella. Y, a su vez, el centro del alma es lo más vivo de lo más vivo. Y lo es precisamente por la vibración que provoca la herida infinita. A menudo, a este centro más profundo, se le ha llamado simbólicamente *corazón*, como en este bellísimo pasaje bíblico: «Por encima de todo cuidado, guarda tu corazón, porque de él brotan las fuentes de la vida».[1]

En cualquier caso, hay que saber que el centro más profundo nunca es pura interioridad. La dicotomía exterior-interior pierde protagonismo. En la herida, no hay ni fuera ni dentro. Es profunda y al mismo tiempo abierta. El centro es herida, y la herida está abierta por el infinito que nos llega. Después, no habrá movimiento que pueda llegar más lejos que el que de ella brota. Pasamos de los Proverbios a María Zambrano: «Es profeta el corazón, como aquello que siendo centro está en un confín, al borde siempre de ir todavía más allá de lo que ya ha ido».[2] Repliegue del sentir y herida infinita permiten pensar una interioridad que es, al mismo tiempo, perfecta apertura. O apertura abierta—valga la redundancia—. Apertura abierta por las cuatro infinitudes, y apertura a través de la cual, en vez de sangre, aflora la vibración del alma transformada en acción y pasión de la vida.

De las heridas infinitas, en el capítulo anterior, hemos visto que eran *diacrónicas*, *no suturables* y *fecundas*. A lo

---

[1] Proverbios 4, 23.
[2] *Cf.* María Zambrano, «La metáfora del corazón», en: *Claros del bosque*, Madrid, Cátedra, 2011.

que ahora estamos añadiendo que constituyen *el centro más profundo*. Y si bien la idea de centro es relevante, todavía lo es más la de profundidad. Sobre todo, porque la profundidad no es una metáfora, y porque de esta profundidad no metafórica emerge una especie de confianza—de confianza en el sentido.

Cada herida infinita es una hondura. A cada hondura ya nos hemos referido de forma diferente: *abrazo* de la vida, *roce* de la muerte, *regalo* del tú y *misterio* del mundo. Pero, siempre, lo importante es la profundidad. El canto de Nietzsche a que he aludido al comienzo del libro—la canción del noctámbulo—, en once versos, usa ocho veces la palabra *tief* («*profundo*»). Estoy muy de acuerdo en que la experiencia de la profundidad es decisiva. Resulta enormemente revelador que, en latín, *altus* sirva tanto para indicar la altura de la montaña como la profundidad de la herida; tanto la altura del cielo como la profundidad de la tierra; tanto las cimas como las simas. Decir, pues, que la herida es lo más hondo de lo humano es lo mismo que decir que es lo más alto—y que proviene de lo más alto—. La verdadera altura es la profundidad. Cerca del centro del alma, cerca de la profundidad, es donde se alcanza la mayor altura.

GRAVEDAD

Sabemos que el centro más profundo es, al mismo tiempo, el *centro de gravedad*. La herida infinita es la gravedad humana. Pero no el tipo de gravedad urgente que vehiculan las ambulancias, sino la gravedad que, más que urgir, compromete; una gravedad que orienta el movimiento, haciéndolo a veces costoso, pero dotado de sentido. La herida infinita es la gravedad, y la gravedad se convierte, así, en el suelo, la base, el fundamento de nuestra vida: condición de posibilidad y sentido de la acción.

La acción se asemeja al vuelo del pájaro puesto que también éste es posible y tiene sentido gracias a la gravedad. Sin la gravedad de la tierra, las alas de la gaviota serían insuficientes para planear en el cielo. Sin la gravedad de la vida, la acción humana sería siempre banal, carente de fuerza y de razón de ser. La acción es relevante, tiene grosor y sentido, precisamente porque no se produce en el vacío, sino que se curva por la gravedad, pero, en este caso, no sólo por la gravedad de la tierra, sino por la gravedad no urgente de la herida infinita.

El vacío no sostiene nada. Ni atrae nada. Desde el principio he reconocido que hay abismo, y que el vacío es una fosa terrible y cercana, lo cual no significa ni que ya estemos en ella ni que no haya nada más. A veces, parece como si la tragedia del hombre contemporáneo, más que la de verse forzado a saltar al vacío, sea la de creer que el salto se hace ya desde el vacío. Tragedia doble porque, entonces, la fosa no sólo estaría en una casilla vecina y amenazadora, sino en la misma casilla de salida de donde partimos.

Aquí, en cambio, describo la situación de manera diferente. El punto de partida se sostiene en la profundidad y en la gravedad. De base, ni abismo ni paraíso, sino intemperie y gravedad. Y ya se entiende que, al plantear las cosas de este modo, en *gravedad* prevalece el aspecto más valioso. Por este motivo, no coincido con el uso que de ella hace Simone Weil. Mientras que la autora—bastante deudora, aquí, del esquema gnóstico—más bien hace equivaler gravedad con bajeza, por mi parte, intento conectar gravedad con altura, mediante la profundidad. A diferencia de todo planteamiento gnóstico, creo que la infinitud se encuentra en los cimientos del mundo y de la vida, que de ninguna manera leo como caída o degradación. No entiendo que haya oposición entre arriba y abajo, ni entre ligereza y gravedad, sino juntura y articulación.

La gravedad es fecunda y engendrará, al igual que una *mujer grávida*—embarazada—, parirá.

CURVATURA

Pues bien, del mismo modo que la gravedad de la tierra curva el vuelo de la gaviota, la gravedad de la herida infinita curva la acción humana. En consecuencia, cabe hablar, indistintamente, de la *curvatura de la acción*, de la *curvatura poiética* o de la *curvatura poética*.

En el mejor de los casos, la acción y el pensamiento—que también es acción—se curvan como la bóveda del cielo. No por casualidad, al pensamiento lo llamamos re*flexión*.

El arcoíris es la fiesta del cielo. Iris era, en el mundo griego, la mensajera de los dioses; mensajera, como sugiere Platón, de la admiración y de la palabra. El cristianismo simboliza el arcoíris como puente entre el cielo y la tierra, y también como *paz*. Según la narración bíblica, después del diluvio y del arca de Noé, Dios dijo que las aguas no volverían a exterminar a nadie. Y el símbolo que estableció para recordar tal compromiso fue precisamente el arcoíris: «Pues en cuanto esté el arco en las nubes, yo lo veré para recordar la alianza perpetua entre Dios y toda alma viviente, toda carne que existe sobre la tierra».[3] Por estos precedentes, a lo largo de la historia, se han dado movimientos de reforma social que han adoptado el arcoíris como sím-

---

[3] Génesis 6, 16.

bolo de paz y de esperanza. ¿Tiene, pues, esta liviandad del arco algo de banal? Nada. Incluso la misma filosofía, por su compromiso con la palabra y la paz, podría tomar el arcoíris como insignia.

En contraste con el esquema lineal del progreso, la cura es el movimiento que se curva sobre lo profundo. Y eso que se curva se hace cercano, de modo que la curvatura es, también, *proximidad* y *cercanía*.

No es casual que los símbolos fascistas suelan ser rectos y rígidos. La curvatura que cuida—o el cuidado que se curva—no es ni invasiva ni evasiva. No pretende aplastar, ni alejarse en la indiferencia. Se aplasta de arriba abajo. Se mantiene la indiferencia yendo recto más allá, sin mirar atrás. En cambio, el gesto más básico suele flexionarse enseguida. Parece que ponga la palma de mi mano sobre el cuerpo del bebé y, en realidad, todavía incremento algo más sutilmente la curva que la mano ya tenía. También el abrazo es curvo. Todo abrigo es una curva. La mejor respuesta nunca es la más directa: es franca, sí, pero con tacto. El tacto flexiona la respuesta y no deja que sea ni directa ni indirecta. El tacto es la suave curvatura de la franqueza.

También los pensamientos se curvan. Hay filosofías que consiguen curvarse como la bóveda del cielo. Hay, en cambio, discursos más rectilíneos que presumen llegar muy lejos, y otros más evanescentes que suben como el humo. La mejor filosofía no pretende vencer la gravedad como los cohetes—¿para ir dónde?—, sino planear como el águila o la gaviota, custodiando—guardando—el campo o la playa. La mejor filosofía es la que se curva sobre la herida infinita, para cuidarla y para responder a su vocación.

Por todo esto, *gravedad* y *ligereza* no se contraponen. La reflexión es grave por la vecindad que mantiene con la profundidad de la herida, pero a la vez debe tener cierta levedad, tanto para poder flexionarse como para poder mantener el arco sin que el peso excesivo lo haga caer. Prestemos atención: el movimiento cotidiano de la vida tiene forma de arco, y para mantenerlo se necesita esta constante articulación de la ligereza con la gravedad. No por casualidad la depresión es como la parada por el exceso de pesadez; como si la propia gravedad nos oprimiese hasta tal punto de no poder seguir adelante. Es decir: la gravedad da sentido al movimiento, pero hace falta movimiento.

CURVATURA POIÉTICA

Poiesis es la palabra griega que significa 'hacer, elaborar, producir, crear'. De ella deriva *poética*, que es un tipo muy especial de elaboración. Tal como señalan Platón y Aristóteles, el arte de crear imágenes. Pero aquí uso *poiética* y *poética* en un sentido muy amplio, equivalente a la suma del *buen hacer* y del *hacer el bien*. Tan amplio, que prescindo de la distinción aristotélica entre *poiesis* y *praxis*, que tanto ha incidido en la filosofía contemporánea. Arendt y Habermas convierten el concepto de *acción* (*praxis*) en el núcleo de sus respectivas teorías. Arendt habla de *acción concertada*, y Habermas—inspirándose en Arendt, tal como reconoce él mismo—, de *acción comunicativa*. No cabe duda de que la distinción *poiesis-praxis* ha servido muy bien para mostrar la excelencia de la *praxis*, entendida como actuar intersubjetivo, con respecto a la *poiesis*, entendida como acción instrumental. Sin embargo, poco a poco, he ido percatándome de lo oportuno que era reformular la *poiesis* como ese concepto extenso capaz de ensalzar el *hacer de verdad* como la suma del buen hacer y del hacer el bien (del buen obrar y del obrar el bien). E incluir tal concepto, una vez reformulado, entre los puntos prominentes de la constelación de la proximidad.

Sé que con un uso tan vasto de *poiesis* ya no cabe subrayar la diferencia entre la acción comunicativa y la acción instrumental y, por consiguiente, tampoco cabe denunciar las invasiones de la segunda sobre la primera. Pero, en cambio, se puede insistir en el hecho trivial de que lo que de veras cuenta es *hacer* algo bien o bueno, y de que lo peor es no hacer nada bien ni bueno, es decir, de que lo peor es *deshacer*, destruir, degenerar... con un abanico larguísimo que va desde los infames actos de violencia, pasando por todo tipo de corrupción, hasta los modos de vida causantes de la destrucción de mundo que llamamos crisis ecológica.

Los oficios artesanales son poiéticos, pero también lo es la acción médica y la pedagógica y, en general, toda acción que lleve las cosas por el buen camino. Pues bien, a partir de ahora, al hablar de *curvatura poiética* me referiré a la acción cuidadosa que acompaña las heridas infinitas, que crea mundo y que intensifica la vida desde la gravedad. La filosofía, en el mejor de los casos, también es poiética, adquiriendo entonces su carácter médico-terapéutico, y despojándose de la retórica, es decir, renunciando a poner el acento en argumentar o en persuadir, aunque, obviamente, se cuente con una cosa y con otra. Es esperanzadora, pero no exagerada. Mientras que la vía sofística es una vía que exagera, pues sólo así logra mover a la gente, la vida filosófica, en cambio, es más modesta. Sócrates promete menos pero, justo por este motivo, cuida mejor. La retórica sofística puede ser fría; el pensar de la curvatura poiética, no.

La filosofía poiética abre. En eso comparte la función de la utopía, que, a partir de los textos y las situaciones, también abre. El pensamiento poiético abre la semántica de las palabras y ensancha la mirada; se esfuerza por conseguir que las palabras signifiquen de la manera más acertada; y procura *producir tanto sentido como se pueda—que, aun así, no será mucho más que un poco.*

Un buen filósofo contemporáneo se lamentaba por la muerte de un amigo suyo y, al recordar su obra, se preguntaba sobre la diferencia entre morir con una trayectoria y una obra hecha y *morir sin obra*. Sin embargo, y por lo dicho, me parece que hay aquí un uso demasiado restrictivo del término *obra*. Obra, puede ser, en efecto, la obra de un artista o de un escritor, pero también la obra de una artesana o la labor de una abuela, la acción de una revolucionaria, o el buen hacer de un campesino. La obra es lo que da un poco más de consistencia al mundo, o lo que intensifica y da sentido a la vida. La buena compañía de alguien ya es una obra; es una *manera de obrar, de hacer el bien*. Sin duda, hay innumerables obras valiosas que nunca tendrán la forma de la obra de arte, pero no importa. Salvo que incluyamos como obra de arte hasta la más discreta de las acciones que aportan un granito de consistencia, de belleza o de bondad a la playa del mundo.

Dado el sentido amplio de poiética y de obra que manejamos, ¿qué pasa con hacer las cosas mal y con hacer daño? Pues que su resultado no es exactamente una obra, sino una *mala obra*. Y, forzando un poco las leyes de la lógica, sostendré que la mala obra es lo contrario de la obra. La curvatura poiética va en la dirección de lo bueno y del bien. Obrar es hacer (el) bien, y obra es igual a buena obra. La mala obra es el resultado de des-obrar, deshacer, degenerar.

DIMENSIONES DE LA CURVATURA POIÉTICA

Así pues, mientras Nietzsche usa la imagen de la curvatura para la tesis del eterno retorno—«curva es la senda de la eternidad», se lee en el *Zaratustra*—, aquí convierto la curvatura en el perfil de la acción. La *curvatura poiética* es cura como acompañamiento de la herida infinita, y obra como movimiento que la sigue. Ninguna de las dos tiene nada de automatismo, y ambas conllevan la (trans)formación de uno mismo. La cura como acompañamiento, atención y vecindad con la herida es ya inicio de la curvatura poiética, cuyo despliegue se produce en tres direcciones, parcialmente superpuestas: *poiética de la vida, poiética del mundo* y *poiética del sentido*, con sus tres horizontes respectivos: *más mundo, más vida* y *más sentido*.

Evidentemente, que la herida infinita sea el centro de gravedad facilita emplear el lenguaje de la *cura*. Pero debo señalar que más en el sentido que le daban algunos filósofos antiguos, que en el sentido que le da Heidegger. Según el maestro alemán, *Sorge* ('cura') es el nombre asignado a la manera de ser del *Dasein*. Y la manera de ser del *Dasein* es relativa a la trama formada por la tensión hacia sus posibilidades, por el estar ya en el mundo (facticidad), y por la caída (encontrarse ya en medio de las cosas). *Cura* (o *cuidado*) no añade nada, sino que es una forma de designar esta trama.[4]

Aquí, estoy entendiendo la cura como acompañamiento y vecindad con el centro de gravedad, y la relaciono con el movimiento de la *poiesis*, que, además, interpreto de forma bastante diferente a la instrumentalidad heideggeriana. La vecindad con el centro lleva a que el délfico «conócete

---

[4] *Cf.* Martin Heidegger, *Ser y tiempo*, trad. Jorge Eduardo Rivera, Madrid, Trotta, 2003, § 41.

a ti mismo» se ponga al servicio de hacer algo contigo mismo. La cura es una *reflexión* y una *acción* sobre, y a partir de, la herida, una reflexión productiva. Atender a uno mismo para, sobre todo, hacer algo con uno mismo, con los demás y con el mundo. El movimiento no lo hemos empezado nosotros, y no es arbitrario. Podemos sumarnos activamente a lo que nos pasa. La cura es, al mismo tiempo, seguimiento y transformación. La herida infinita es, literalmente, una con-*moción*. Es decir, generación de movimiento. Pero a partir de este movimiento, la acción depende ya toda ella de mí; de mi acompañamiento y de la transformación poiética de la vibración. Dicho más llanamente: debido a que estoy herido tengo mucho trabajo que hacer. Debido a que estoy herido necesitaría muchas vidas para *hacer* todo lo que tengo que hacer. Y de nuevo la inspiración de Miguel Hernández (ahora en el poema «El herido»):

> Herido estoy, miradme: necesito más vidas.
> La que contengo es poca para el gran cometido
> de sangre que quisiera perder por las heridas.
> Decid quién no fue herido.

Lo contrario de la cura tiene forma de *fuga* o de *incapacidad*; de incapacidad para ser uno mismo vecino de sí mismo y, así, poder hacerse compañía al lado del exceso de la herida. La herida infinita es, ciertamente, un exceso. Pero este exceso puede hacerse más excesivo por la falta de cuidado. Es entonces cuando la situación suele interpretarse en términos de trastorno o de enfermedad psicológica. Todos estamos en el exceso. El problema es encontrarse más excedido de la cuenta y sin margen de maniobra; como si uno se viera—se sintiera—demasiado *desbordado* y, por tanto, *disminuido*, incluso *aniquilado*, o *sin salida*.

La salud, por tanto, consiste no en haber superado el exceso, sino en saber—y en poder—acompañarlo. En saber sobrevivir, que es, para el humano, el vivir propiamente dicho. El humano es un sanador herido; un médico herido. Porque está herido es médico. Aquí va como anillo al dedo la figura mitológica de Quirón. Hijo de Cronos y Fílira, Quirón era un centauro que tenía fama de sabio y de buen educador. Y era inmortal. Sin embargo, tuvo la mala suerte de quedar malherido al ser alcanzado por una flecha. Viendo que no podía curarse, cedió su inmortalidad a Prometeo. De modo que puede hacerse esta lectura: Quirón está herido, de una herida incurable, como la de los humanos. Por este motivo no tiene otra *salida* que la de la mortalidad. ¿Qué y quién será Quirón, una vez mortal? Un sabio herido, aún más atento al cuidado de sí mismo y de los demás.

OBRERO (MANOBRE) DE MUNDO

Volvamos a las dimensiones de la poiética que amplían y siguen a la cura. La poiética del mundo persigue, esencialmente, más cobijo y más cosmicidad. La poiética de la vida, intensificar la vida con sus infinitivos: amar y pensar. Y la poiética del sentido—que también podría llamarse poiética de la esperanza—, articular y crear más sentido y más confianza en el sentido.

Para dedicar ahora un poco de atención a la poiética del mundo, cabría empezar, por ejemplo, por advertir que una de las significaciones fundamentales de la mano es *mantener*, esto es, sostener en la mano. Guardamos con la mirada y con las manos. Hay más continuidad de la que pueda parecer entre tomar de la mano a alguien y mantener una casa. Dicho sea de paso: he aquí la principal diferencia entre proteger algo con las manos y fabricar ininterrumpidamente sin mantener nada—siempre la maléfica degeneración—. De mantener a no mantener nada, todo cambia. Otra degeneración que también tiene que ver con las manos, y que tanto sufrimiento ha causado y sigue causando es la siguiente: en su significación más genuina, *mandar* es confiar algo que, con tu mano, pones en la mano del otro. Ésta es la significación en la horizontalidad y la gravedad de la vida. Pero las cosas, desgraciadamente, solemos llevarlas hacia el poder vertical donde la mano ya no da nada, sino que, con distintos movimientos rígidos, ambiciona someter. Lo genuino es ponerse—voluntariamente—en las manos de alguien. La degeneración es que alguien, sin que nosotros lo queramos, nos tenga en sus manos, ejerciendo control y dominio.

Mantener: los que mantienen bien son manobres, albañiles. Los poetas de mundo son los que obran mundo, los que hacen del mundo más mundo. Los poetas de mundo son *manobres* de mundo, *obreros* de mundo. Según una afortunada expresión de Marquard, hay que construir «la tierra en la tierra»; un poco en paralelo, yo diría que hay que *hacer mundo en el mundo*. Esta obviedad debería ser atendida, entre otros motivos, porque la ideología más eficaz de hoy en día, mencionada ya más de una vez, nos aleja del mundo a favor del siempre vaporoso futuro. Deberíamos hablar menos de futuro y más de mundo. En el mejor de los casos, somos obreros de mundo más que de futuro. Francisco de Asís es obrero de mundo. El Zaratustra nietzscheano lo es de futuro (y, mientras que él sí es auténtico merecedor de tal título, muchos de sus imitadores no lo son).

El obrero y poeta de mundo es creador. Si bien, por otras cuestiones filosóficas, la distinción entre crear (a partir de la nada, siguiendo el modelo bíblico) y hacer (a partir de un material dado de antemano, siguiendo el modelo griego) es decisiva, ahora, con respecto al tema de nuestra capacidad poiética, tal distinción pasa a un segundo plano. La acción poiética es creativa: por un lado, somos siempre artesanos y trabajamos a partir de algo; pero, por otro lado, el hecho de que cada uno de nosotros sea un inicio absoluto se refleja en todo lo que hacemos, dándole el carácter de creación. Ser obrero significa ser capaz de hacer o de originar algo. En tal hacer, suele darse algo nuevo que, en cierto sentido, no estaba. En la transformación de las cosas, algo de nosotros mismos y, por tanto, del hecho increíble de ser inicio, se proyecta. Por eso se puede hablar, con propiedad, de capacidad creativa. Pero no en el sentido restringido y a veces banal con que se usa esta palabra. Somos creativos, sobre todo, en lo más simple, y en lo más humilde. Somos creativos cuando ni siquiera sabemos que lo somos. Somos creativos en la paciencia de las buenas relaciones con los demás, en la forma de cuidar lo que no puede poseerse, en la manera de buscar lo que no puede encontrarse... Y, sí, somos creativos también en nuestros trabajos para ganar el pan cotidiano. Pero tampoco aquí la creatividad debe entenderse como filigrana. Es tal como lo vio Marx: somos creativos en el trabajo porque lo que sale de nosotros es más de lo que entra. Este plus, que Marx denominó *plusvalía*, lo sacamos de la nada. Justo aquí radica la esencia de la teoría marxista de la plusvalía, que más que una tesis económica, es antropológica y metafísica: el hombre *crea* valor, y por eso tiene algo de divino. Poder crear es emanciparse del reino de la necesidad y de la totalidad inmanente.

Es evidente que el término *mundo* tiene varios sentidos: mundo como totalidad de las cosas existentes, o universo; mundo como ámbito o campo acotado (mundo físico, mundo histórico...); mundo-mundano como contrario de eterno, celestial, trascendente... Pero, también puede tomarse mundo como aspecto de lo que nos es dado, o de lo que somos capaces de hacer sobre lo dado. Es decir, mundo como cosmicidad, orden, armonía, ajustamiento. *Mundus*, en latín, podía funcionar como adjetivo que significaba pulcro, cuidado, ordenado. Y en este sentido corresponde al *kosmos* griego, que también indicaba lo ordenado y armonioso. Cosmos, así, se podía decir del cielo estrellado, pero también del orden y de la limpieza de la casa. En un texto muy plástico, Jenofonte explica que en una casa bien ordenada uno se siente bien y que no hay nada más bello y útil que el orden.[5] Cuando las cosas suelen estar en su lugar, incluso el lugar mismo se añorará por su ausencia. La diferencia entre la cosmicidad del cielo estrellado y la de la casa es que, mientras que la primera nos es dada, la segunda es producto del hacer humano. Somos seres *cosmopoiéticos*, creadores de cosmicidad, de mundo, de armonía, de justicia—también la justicia debe entenderse a partir del *ajuste* y de la cosmicidad—. Ser poeta y creador de mundo significa, pues, contribuir a la armonía, a la belleza, a la permanencia y a la habitabilidad del mundo, a la *eucosmia*—para emplear una bella palabra que se encuentra en Aristóteles—, a la justicia y al ajustamiento.

Contra el obrero de mundo está el parásito y el destructor. Nuestra capacidad cosmopoiética puede degenerar, ya sea en forma de gorrón parasitario, ya sea en forma de malhechor. Esto es la *antipoiesis*: parasitar, descomponer, deshacer. La *antipoiesis* no conserva nada de la curvatura poiética, y su resultado no es otro que el incremento del caos. Hoy, tenemos una «productividad» que más que *poiesis* es *antipoiesis*: empeora el mundo, es decir, disminuye el mundo. Ensucia, y en lugar de crear mundo, aumen-

---

[5] Jenofonte, *Económico*, VIII, 20.

ta la *inmundicia*—literalmente, y reveladoramente, el *no-mundo*—. Ser obrero de mundo es hacer más mundo pero, al mismo tiempo, limpiarlo de tanta inmundicia. Ser obrero de mundo es procurar la permanencia, la estabilidad y la definición. Mientras que la producción del capitalismo tardío incrementa la ilimitación, la armonía de mundo exige el esfuerzo por los límites. La ilimitación es aliada del caos. El poeta de mundo tiene como horizonte el límite y como peligro amenazador, el caos ilimitado. De gran parte de la inmundicia somos nosotros mismos los responsables. Pero ya en la situación hay algo oscuro que degrada. Hay *malas* hierbas. Y hay que ser disciplinado a la hora de cortarlas o de lo contrario lo invadirán todo. La *poiesis* debe hacer frente al resultado de nuestras degeneraciones pero también a la entropía y al caos inmanentes.

Sin duda, faltan más poetas y obreros de mundo. Más personas que hagan algo bueno, que curven las palabras y las maderas para que hagan de cobijo. Más poetas y obreros de mundo, que junten: que junten palabras, que junten personas, que junten casas, que junten cielo y tierra.

Juntar y ajustar. A veces ajustar es pulir hasta conseguir que las piezas coincidan; a veces ajustar es sólo poner las cosas en su sitio, como cuando se ajustaban las agujas del reloj. Pero igual con temas más serios: *ajustar paces* es hacer las paces. Como si lo básico, es decir, lo que de base conviene, fuese la paz. Hacer las paces sería conseguir poner las cosas en su sitio y regresar allí de donde no debería haberse salido. Se añora la paz porque lo primero es la paz de la compañía.

Ajustar y juntar bien suele costar; cuesta más de lo que parece. Por este motivo es tan excelente y acertadísima la anotación del gran Horacio al explicar que la esencia de la buena poesía es la *callida iunctura*, es decir, que poeta es aquel a quien, de hacer tanto esfuerzo en juntar bien, le salen callos en las manos del espíritu. Devanar hilos, juntar palabras, reunir personas, crear mundo: todo esto es poética, poiética, y cuesta.

Dado que la intemperie es permanente, los poetas han de juntar más de una cubierta. Entonces, las acciones se articulan en arco, reforzándose entre sí. Se articulan en vueltas superpuestas, como las del arcoíris, o se trenzan, porque las acciones trenzadas—igual que las cuerdas de cáñamo—son mucho más resistentes.

Poeta es quien sabe curvar la acción sobre la gravedad de la herida infinita. Es quien, de la herida infinita, extrae la pasión para crear más vida, más mundo y más sentido. Poeta es quien, en el surco de la herida y en la palma de la mano, mantiene y junta tanto como puede.

VII
VIBRACIONES: SILENCIO, PALABRA, CANTO

La esencia de la palabra es el canto. Y el canto está, sobre todo, para *hacernos compañía*. Éste es el núcleo estricto de la teoría del lenguaje.

EL SILENCIO

El silencio es igual de antiguo que el canto, no más.

El silencio forma parte de la maravilla de la contingencia, como el canto. También se podría explicar así: el origen es el canto. Y el canto, canta el silencio. Porque el silencio es también canto.

Que el silencio *sea*, y que sea algo valioso, todavía hace que quedemos más deslumbrados y fascinados por el misterio del inicio. El silencio no es ningún vacío previo al evento inaugural; el silencio es, también, una vibración de la profundidad, como la palabra y como el canto. Paradójicamente, pues, que el canto cante el silencio incrementa lo inefable y la maravilla, al desestimar previsibles secuencias explicativas al estilo de: «sólo había silencio y luego...». El silencio es silencio; es algo y no nada. El silencio genuino no es ninguna *vacuidad* que pudiera ser llenada, porque su pobreza aparente es ya una riqueza. El silencio genuino no tiene nada que ver con el de los espacios siderales que aterraba a Pascal. Tal vez, para este segundo habría que usar otro término—¿ahora sí, *vacío*?—. El silencio genuino es el que se deja escuchar, tal como escribe Lorca: «Oye, hijo mío, el silencio. | Es un silencio ondulado...».

Y es también—el silencio genuino—el que se deja guardar. Guardar silencio es como guardar y cuidar a una criatura. Porque cuando guardas a una criatura también ella te está guardando. Cuando guardas silencio, también él te guarda.

El silencio genuino es posibilidad abierta junto con la palabra; surgida con la palabra. Y como la palabra es creadora—puede crear un espacio, un momento, u otra palabra—, el silencio también es creador—puede crear un espacio, un momento y, también, otro silencio—. El silencio creado por el silencio, el silencio hijo del silencio, crece en poder, porque modela aún más la madurez de la vida. De semejante situación tan humana, serían testigos discretos tanto los reclinatorios de los monasterios como los fogones de las barracas más humildes del mundo. De cómo el silencio es un nido de plumas que incuba lo que puede crecer. De cómo el silencio modela la vida humana. De cómo el silencio nos ayuda a guardar silencio. Y de cómo los que guardan silencio pueden llegar a entenderse mejor que nadie.

El vacío no crea nada. Y el ruido, tampoco. Así se manifiesta la contraposición: el vacío y el ruido acosan obstinadamente la alianza que desde el comienzo han mantenido silencio, palabra y canto. Los enemigos adoptan fisonomías diversas: la estridencia es lo cercano al ruido agudo e insoportable. El mutismo no es silencio, sino la traición de la palabra. Se calla allí donde se debería hablar. La taciturnidad es de la familia del mutismo... Alerta, pues, con todo lo que mina la valiosa alianza.

Silencio, palabra y canto son estados de la profundidad. El silencio, de la profundidad encalmada. Sueltas una piedra en la boca de un pozo, pasan unos instantes y se oye un zambullido «seco», revelador de cómo el agua del fondo guardaba silencio.

EL CANTO

Siempre el canto, auténtico *lógos*. Desde el inicio hasta el final: pró*logo*, *lógos*, y epí*logo*. Aunque el final no es final, y el epílogo no viene después de la conclusión, ni es él mismo conclusión. Por suerte.

El canto, sí, y la palabra y el silencio, los tres definidos como creación a partir de las vibraciones de la profundidad; creación, en el humano, no a partir de la nada, sino a partir de la palabra y del canto y del silencio que ya vienen con las heridas infinitas de la vida, la muerte, el tú y el mundo.

Puesto que *alma* es también el nombre dado a la vibración de la profundidad, se entiende perfectamente que un canto sin alma no sea propiamente canto—«le falta alma» decimos, a veces, al escuchar a alguien cantar—. Para que sea alimento, debe tener alma. La palabra y el canto, que surgen de la vibración y la recrean, nutren a los demás y a uno mismo. Se labra la tierra para que el sembrado dé alimento con más facilidad. Análogamente con el canto. Hay continuidad entre sembrar el trigo y cantar una canción: pan y canto alimentan tanto el cuerpo como el espíritu. Porque cuerpo y espíritu no son dos, sino uno—porque uno es el repliegue del sentir.

Canto, palabra y silencio son, pues, nuestra creación primordial, nuestra *poiesis* principal. *Lógos*. Juntura, pero, aquí, no binaria, como la de cielo y tierra, o día y noche, sino de elementos innumerables.

Ahora bien, es evidente que hay palabras que, viniendo de más adentro, son más graves, y otras que no lo son tanto, y que ni salen de ese centro ni apuntan hacia él, porque son de otra índole (en correlación con el hecho de que, además de la primordial, hay otras funciones protagonizadas por el lenguaje). Es decir, no toda *poiesis* de palabra procede del centro más profundo de la herida infinita. La palabra y el canto que sí proceden de ahí son celebración y amparo, bendición y consuelo. Cantamos para celebrar la vida y para no temer tanto la muerte.

Tal vez afirmar que la esencia del lenguaje es el canto y que, por tanto, el canto constituye el núcleo de la teoría del lenguaje parezca tan arbitrario como osado. Pero no dejaré de hacerlo. Por suerte, para tal cometido cuento con la inestimable complicidad de Lévinas y Derrida; ambos afirman que la esencia del lenguaje es la hospitalidad. En sintonía aún más intensa, debo citar los emotivos versos del poeta zamorano Claudio Rodríguez:

> Es la hospitalidad. Es el origen
> de la fiesta y del canto.
> Porque es tan sólo
> palabra hospitalaria: la que salva
> aunque deje la herida. Y el amor es tan sólo
> herida hospitalaria, aunque no tenga cura.[1]

Cómo no quedarse atónito ante unos versos que juntan tan y tan bien. Evidentemente, me interesa este poema porque liga canto, palabra y hospitalidad, pero, también, por relacionar hospitalidad y herida. ¡Hay una *herida hospitalaria*! Que es precisamente la herida del amor. Más arriba lo he expresado así: sólo porque estamos infinitamente heridos, podemos ser hospitalarios; sólo porque estamos heridos, podemos ser médicos. La creación—*poiesis*—de amparo se produce a partir de la herida infinita, herida hospitalaria. Del surco de la herida infinita se alza un canto que

---

[1] «Oda a la hospitalidad», en: *Poesía completa (1953-1991)*, Barcelona, Tusquets, 2014, p. 215.

hace resonar las notas grabadas en el mismo surco, y que arropa a los que lo escuchan.

Nietzsche habla mucho del canto, y lo hace equivalente a la palabra. Zaratustra a menudo canta, y alguno de los capítulos termina con «así cantó Zaratustra». Ya desde sus escritos tempranos, Nietzsche consideró música y canto como el lenguaje esencial y originario, y tal intuición se prolongó hasta su última época, cuando se fecha este conocido comentario: «Sin música la vida sería un error».[2]

Pues bien, ¿qué es lo que principalmente hacen la música y el canto? Sin duda: *compañía*. Y ¿quién no busca compañía?; ¿quién puede prescindir de ella? De ella nos viene el lirismo, y de ella nos viene también el consuelo.

Sé que en medio de la tormenta muda de la noche he recibido consuelo de las siluetas del ciprés y del viejo campanario. Sé que ambos cantan. Cantan salmos. Reproducen los salmos que los habitan. Salmos que, entonados durante siglos, han penetrado en cada uno de los anillos del árbol y en cada uno de los bloques pétreos del campanario. Sé que este eco durará muchísimo tiempo. Y que mientras dure habrá esperanza. Sé, en resumen, que existen personas habitadas por salmos y salmos habitados por personas. Y que esto es el canto.

REGALARNOS EL MUNDO CON LA PALABRA

Quien dice «yo» se lo dice a un tú, o porque tiene presente un tú. La conciencia de uno mismo exige al otro, por lo que

---

[2] Friedrich Nietzsche, *Fragmentos póstumos. Volumen IV (1885-1889)*, trad. Juan L. Vermal y Joan B. Llinares, Madrid, Tecnos, 2008, p. 765 [1988, 16, 24].

sin tú no habría yo. El reino fantasmagórico ya citado nos engulliría. De ahí que cada vez que el otro me llama me salva.

El misterio de la desnudez humana da pie a que una de las primeras muestras de la curvatura poiética sea la del nombre propio como primer abrigo. Pero a continuación viene la palabra que dice el mundo, para hacerlo un mundo común; un regalo para el otro y también para uno mismo. La poiética sobre el mundo busca justamente compartir —no poseer—. *El nombre dado a las cosas es un regalo dirigido a quien tiene nombre.* La función enunciativa del lenguaje está subordinada a la vocativa. Nos decimos las cosas, nos las ofrecemos diciéndolas. La situación cotidiana que mejor lo refleja es la de la madre o el padre diciendo a su hija: «Mira, mira, Ana, qué hay allí… una tortuga».

«Mira, mira…» es el origen de la palabra que dice el mundo.

«Mira, mira…» es hacer presente el mundo al otro y a uno mismo; es hacer el mundo común, y no tiene nada que ver con «esto es mío». La ambición matinal de las palabras originarias no es posesiva sino celebradora y curadora. Bendecimos.

A partir de esta idea, puede sugerirse la siguiente versión del texto del Génesis. En las afueras del paraíso imposible estaban Adán y Eva y otros. Ya desde el principio tuvieron que ganarse la vida. Lo cual requería tiempo y esfuerzo, como ahora. También vivían momentos de calma, aunque bañados por una incipiente melancolía. Eva, con más vitalidad, inició el consuelo. Con lo que se dirigió a su compañero, por el nombre, de esta manera: «Mira, mira, Adán, qué hay allí… una tortuga». Fue así como empezó a decirse el mundo, y no con un Adán aislado y mayestático que, ejerciendo su poder y su privilegio, ponía nombre a las cosas al mismo tiempo que empezaba a dominarlas.

Como quiera que fuese, de lo que no hay duda es de que lo más presente es el tú: como presencia y como regalo. Tengo mundo gracias al otro, cuya presencia da más presencia al mundo. Es entonces cuando hago el mundo común y regalo el mundo al otro—cuando él ya me lo ha regalado—. Algo parecido decía Buber: «El presente sólo surge toda vez que el tú se vuelve presencia».³ Gracias al otro, hay presente y consistencia del mundo. Entonces respondo a esta generosidad haciendo yo mismo el mundo común, y le pido que lo miremos juntos. Nombro y explico el mundo para ofrecérselo al otro, al que nombro, pero no explico.

Palabra que llama por el nombre, y palabra que ofrece las cosas. Esto es el lenguaje esencial: decir el nombre (del otro) y ofrecer la cosa. En ambos casos, respuesta, versiones de la respuesta.

CREACIÓN IMAGINATIVA

Pero hay dureza, y oscuridad. Por eso no sólo nos decimos el mundo. También fabulamos sobre el mundo: lo cantamos y lo reencantamos. Y nos contamos cuentos.

Al «Mira, mira…», sigue espontáneamente el «Te imaginas…».

A veces, la realidad es severa, opaca, terrible, y de ahí que imaginemos un espacio más amable, más cálido, más habitable. En la *intemperie* creamos cobijos: paredes de ladrillos, techos con tejas, y revestimientos con palabras y símbolos.

En la intemperie, quedamos a merced de fuerzas aniquiladoras, como la del paso implacable del tiempo que se nos

---

³ Martin Buber, *Yo y tú. Y otros ensayos*, trad. Marcelo G. Burello, Buenos Aires, Prometeo, 2013, p. 18.

lleva y que todo lo borra, pero, también, de algunas cuya causa somos nosotros mismos, tales como las ideologías que todo lo exprimen y todo lo agostan. La palabra genuina, y el canto, y el silencio, son resistencias contra ambos tipos de aniquilación. La poiética imaginativo-simbólica es una faceta de esta resistencia. La palabra—y el símbolo—, ante la dureza de la realidad, *ablanda, esponja, oxigena*; ante la aniquilación temporal, *demora, retrasa y guarda la esperanza*; ante la reducción ideológica, *mantiene la sorpresa y el asombro por el prodigio del mundo*.

En la intemperie, el ser humano necesita cobijo y orientación. Pensar es generar sentido. A menudo la palabra generada es como una especie de *vuelta*, de rodeo, que suaviza, que lenifica. Se trata de no quedarse ni aislado ni inmóvil. La palabra es ya el movimiento que forma parte del arte de vivir; del arte de vivir frente a la dificultad de vivir.

Ni aislado, ni inmóvil ante el abismo. Hablar e imaginar es moverse. Y queremos hacerlo junto a los demás, con los demás y para los demás. La palabra y la imaginación buscan, sobre todo, crear y hacer compañía. Creamos para no estar solos. Y creamos para que el otro tampoco esté solo. Imaginamos juntos. De ahí la preciosa pista: «Te imaginas...». Desde los inicios inmemoriales hasta hoy: «Te imaginas...». ¿Y qué imaginamos? De todo, claro, pero, principalmente, situaciones que nos van bien: en primer lugar, aquellas en que se detiene la nihilización y, luego, en que hay más disfrute. Primero, detener la entropía y, después, intensificar la vida. Esta idea coincide con la tesis del antropólogo Gilbert Durand, discípulo de Bachelard, y autor de un magnífico libro sobre la imaginación y lo simbólico titulado *Las estructuras antropológicas del imaginario*. Durand sostiene que la función nuclear de la imaginación es la eufemística, esto es, la función consistente en *detener* o *retrasar* la caída y, así, tener margen para la esperanza. «El sentido supremo de la función fantástica, alzada contra el destino mortal, es el *eufemismo*. Lo cual implica que hay en el hombre un poder de mejoramiento del mundo».[4] Crear es levantar diques. Derrida lo llama *demeurer*. Contrapunto al devenir, a la fatalidad, a la fluidez y a la inercia, la imaginación es refugio, detención, pausa, amparo. Por este motivo, imaginación y memoria van juntas. La memoria se inscribe en la función fantástica general. La memoria es memoria contra el tiempo, contra la disolución provocada por el tiempo. Memoria como situación recuperada, o como encuentro conservado contra el paso devastador de *kronos*. El poder que emerge de la herida infinita no es el de la fluidez, sino el de la resistencia y el recuerdo.

Contra la ley de la petrificación, se alza prodigioso el poder de la vida, de la palabra que ablanda la dureza de la realidad, que consigue endulzar lo más áspero, y que ilumina un poco lo más oscuro. Imaginamos y simbolizamos porque estamos tocados por la decadencia y por la muerte. Reaccionamos a tal afección por la esperanza que nos constituye. Pensamos para buscar sentido a pesar del declive. Si al declive lo llamamos proceso de aniquilación, pensar e imaginar son resistencias a tal aniquilación. La misión de la vida creadora es demorar la caída de la energía. Narrar, imaginar, pensar, orientarnos, siempre contra la *fatalidad*.

Un pequeño inciso: hay que distinguir entre inmovilidad y demora. La inmovilidad nos sienta mal: tiene que ver con el miedo, con la incapacidad para salir adelante y con el deterioro de la salud. En cambio, la demora es la resistencia viva que se enfrenta a las fuerzas aniquiladoras. La pausa,

---

[4] Gilbert Durand, *Las estructuras antropológicas del imaginario*, trad. Víctor Goldstein, México D. F., FCE, 2004, p. 411.

la demora y la calma son movimientos voluntarios, signo de salud y de fuerza. La capacidad imaginativa forma parte de esa misma familia.

Una vez aquí, podemos preguntarnos: ¿y cómo procede la creación de palabras y símbolos?; ¿cuál es el *material* de la *poiesis* imaginativa? Sobre todo el que proporcionan las cuatro infinitudes que nos hieren y, también, los movimientos más básicos e intensos que hacemos en nuestra situación: caminar, descansar, mirar, volver a casa, dar la mano, subir una montaña... La imaginación se alimenta de estas acciones y es como si las prolongara. Consiguientemente, los símbolos lo son de movimientos: de ir arriba, abajo, adentro... Ahora bien, los *movimientos concretos* siempre están situados: habitación, hogar, calle, bosque, ciudad, río... Los lugares son los contextos del movimiento. Por eso la imaginación es imaginación a partir de los lugares. Nuestro pequeño mundo es amigo de la imaginación. Incluso la imaginación desplegada en el seno del sueño necesita lugar: arropado y acurrucado en la cama, sueño. Si consideramos afines—tal como hay que hacer—pensamiento e imaginación, resulta muy interesante observar el apego que algunos autores tienen a su cuarto o a su cabaña: Montaigne, Rousseau, Thoreau, Wittgenstein, Heidegger... El movimiento fundamental que nutre la imaginación es el habitar: nuestra relación más estrecha con el mundo, relacionada con el tacto, la proximidad, la repetición... es aquí donde el tiempo de la repetición cotidiana se alía con el lugar, y ambos se enfrentan al *kronos* nihilizante. A menudo la imaginación más fecunda es la que más se adentra en la *cotidianidad*. Dado que el re-encantamiento es el oído para volver a escuchar el canto, nos conviene adentrarnos en el día para redescubrir riqueza y canto y, a partir de ahí, recrear y reencantar.

De hecho, lo cotidiano ya es una respuesta a la situación;

ya forma parte de la *gravedad* de la vida. El vuelo se alza a partir de la horizontalidad de la tierra. Volar significa a veces llegar muy alto y casi tocar el cielo azul, pero sin perder nunca de vista la belleza de la tierra plana. Dado este vínculo, la imaginación, si va bien orientada, ni olvida, ni coloniza, ni aplasta lo más valioso de nuestro pequeño mundo. Al contrario, incluso ayuda a descubrirlo mejor, lo engrandece y lo hace aún más mundo. Por ello la imaginación es *cosmopoiética*.

RECREAR Y REPENSAR PALABRAS Y SÍMBOLOS

Paul Ricœur solía repetir casi como lema: «*Le symbole donne à penser*» ('El símbolo da que pensar'). Buen lema, que ya anticipó Kant al sostener que la representación producida por la facultad de imaginar «hace pensar mucho».[5]

El símbolo da que pensar por una razón muy sencilla: porque él mismo es ya una forja preciosa, que invita a ser recreada.

Toda palabra grave es símbolo. La *poiesis* de la palabra es *poiesis* de lo simbólico. Palabras que denotan, es decir, indican, señalan algo, pero que, sobre todo, connotan, es decir, sugieren o significan junto con el significado aparentemente más directo. De alguna manera, la connotación, que está abierta, es como un canto cuyo eco ensancha los confines de todo lo que nos es dado.

El símbolo nos llega, pues, como una oportunidad para *repensar*. El símbolo ofrece algo, y eso que ofrece, hace pensar; nos retorna a la base para ver cómo se forja algo y se le da *valor*, es decir, cómo se da pie a una plusvalía de signifi-

---

[5] Immanuel Kant, *Crítica del juicio*, § 49.

cación, a una *plusvalía significativa*. Para el humano, crear es hacer algo a partir de algo. Es como si sobre algo que ya tenía una especie de valor—de significación—se añadiera un poco más. Incluso más de lo previsible. La plusvalía del símbolo alude a este *significar más allá de lo previsible*.

En cada cosa va sedimentándose la experiencia humana relacionada con ella. El canto forma parte de esta experiencia, y es como el movimiento que prosigue la vibración de la cosa misma—el camino, el mar, la mesa, el árbol, la viña, los peldaños…—. La creación imaginativa—de la cual el canto forma parte—se da, pues, sobre el dinamismo de nuestro habitar. Los símbolos connotan movimiento porque están forjados sobre el movimiento de la vida. De ahí la gracia de los símbolos y de las palabras graves: son una invitación a pensar sobre la situación en la que estamos y sobre la herida que somos. Por esta razón, si bien hay que desmitologizar (es decir, dejar de tomar los símbolos como explicaciones dogmáticas), no debemos desmitificar, es decir, dejar de tomar el símbolo como lo que da que pensar (a quien ya piensa).

Tal vez podría decirse que la filosofía, al igual que la poesía y que la pintura, procura descubrir lo *infranatural* (que es otra forma de decir lo *sobrenatural*). Siempre con esa intención de adentrarse o profundizar.

Ahora bien, en la creación y en la recreación imaginativas hay que ser también, como en todo, austero, conviene no abusar, evitar el empacho y la mediocridad—mejor poco y bueno—. Hay psicopatologías que tienen asociado un tipo de delirio imaginativo. Si bien, para ser justos, conviene añadir que el peligro patológico de la imaginación es prácticamente nulo comparado con el desbocamiento de la discursividad lógica. La asfixia anímica es más fácil que esté asociada a la lógica que a la imaginación.

MANTENIMIENTO VERSUS PEREZA

Hay que estar ciego para no advertir lo importante que es mantener lo que hemos sido capaces de crear. A pesar de la huida hacia adelante que caracteriza nuestra época, que todo lo hace indoloramente caduco, por suerte tenemos todavía algunos indicios de que la pérdida de viejas palabras es algo que sigue apenándonos. Algo en nosotros—algo de nosotros mismos—se resiste al olvido y a la pérdida. Y no porque sintamos que esas palabras sean mágicas o que nos den la clave de secretos místicos; ni porque tengan valor de anticuario y las queramos guardar en cofres aterciopelados para venderlas luego al mejor postor.

¿Cómo es posible que una palabra grave pueda perderse? Porque ha sido forjada en un taller sencillo; porque ha sido generada. Porque ha sido cantada. No es un automatismo, ni un regalo de los dioses, ni forma parte de ninguna esfera ideal: es contingente. Todavía hoy podemos sentir el esfuerzo y el fuego de la forja. El sentido de la pérdida viene tanto de este eco inicial como del cobijo y de la orientación que la palabra nos ha dado en la inmensidad del mundo. Las palabras graves son como las telas y los vientos de las tiendas de campaña de antaño. Telas y vientos y brújulas.

Nos duele perderlas porque con ellas se pierde el esfuerzo realizado y la orientación conseguida. Un poco de nosotros mismos se desvanece con ellas. ¿Cómo es posible que, por ejemplo, en la retórica deslumbrante de los transhumanismos, con la supuesta producción de híbridos perfeccionados, el olvido de las palabras sea tan notable?

Las palabras deberíamos mantenerlas mejor aún que las casas, que los pueblos o que los caminos. Antes se procuraba que no se malograsen las sendas abiertas en los campos y en los bosques. Permitir que desapareciesen denotaba ignorancia y violencia sobre el mundo humano. Lo mismo vale para las palabras: son señales y pasos de camino… en la noche.

¿De dónde viene la dejadez que hace que se pierdan? Se habla de la sociedad del cansancio, pero este cansancio es sólo la superficie de una pereza más básica. Sí, es cierto: hay cansancio, mucho cansancio, producto de la aceleración y de la enloquecida dinámica consumista. Pero, todo esto procede de una dimisión, de una pereza, de una falta de confianza. Un tanto paradójicamente, la falta de confianza deja un espacio que pronto se llena con un delirio agotador.

El nihilismo contemporáneo conecta con lo que antes se había llamado *razón perezosa* (*ignava ratio*), que reproducía un razonamiento, tal vez megárico, que invita a la inercia, es decir, a no hacer nada. En una versión coloquial medio improvisada se vendría a decir que como no hay nada que hacer—lo que tiene que pasar pasará—, no hay que hacer nada. Kant dice que la razón perezosa podría esconderse detrás de cualquier planteamiento que dé ya las cosas por completadas. Se razonaría así: dado que lo que tenía que hacerse ya se ha hecho, no queda nada por hacer. En ambos casos—fatalidad o completitud—, una especie de pereza existencial hallaría argumentos para *no hacer nada sustancioso*, y para facilitar mucha retórica sobre cambios que no son sino de apariencia, y de maquillaje, pero que nada aportan de valioso. La *pereza nihilista* empapa nuestro mundo y, aunque disimulada, erosiona eficazmente canto y palabra y silencio. Nótese que, en la expresión *razón perezosa*, el acento no está en *razón*, sino en *perezosa*: la pereza hace ver que es racional. Sería más claro decir algo así como *pereza retórica*. Esta pereza es nihilista: no cree en nada, no aspira a nada, no quiere nada, pero lo devora todo. Y el malestar crece, y la depresión cala.

Las palabras también maduran; se forjan y maduran. Sin golpes, sin ruidos ni estruendos, pero con mucho esfuerzo, las palabras auténticas se forjan con el yunque del silencio. Y el sabor mineral del silencio las acompañará siempre, mientras sean palabras, y no degeneren para ampliar el imperio del ruido.

Sí, las palabras también maduran, pero, si lo pensamos bien, *la forja de una palabra ya es fruto de una madurez*. A la madurez que da pie a la palabra la hemos llamado *respuesta*—responsabilidad—. Desde siempre, el verdadero hablar es unir tu palabra a la palabra recibida y, así, devolver la palabra.[6]

La degeneración de la palabra es ruido, demagogia y violencia. Violencia, es decir, ausencia de palabra, porque, en realidad, la violencia siempre es muda. Es fácil confundirse. Los violentos no han dejado de hablar. Y la demagogia, sobre todo en el ámbito político, hay que pesarla por toneladas. ¿Qué criterio tenemos para discernir? Hay muchas cosas doradas que no son de oro, y muchas plateadas que no son de plata. La palabra sólo es propiamente palabra si se nota en ella el aliento de la conmoción y de la no indiferencia. La pseudopalabra que es violencia, podría ser sustituida por clasificaciones, etiquetas y cifras, o por instrumentos puntiagudos, gritos, rejas... y haría la misma función. Y la pseudopalabra que es demagogia o mera verbosidad podría ser sustituida por cualquier envoltura reluciente y embellecedora, y también haría la misma función.

---

[6] *Cf.* Hugo Mújica, *Lo naciente. Pensando el acto creador*, Valencia, Pre-Textos, 2007, p. 86.

Canto, palabra y silencio son nuestras forjas más preciosas. Responden a la situación de intemperie y a la incisión cruciforme de la herida infinita.

La palabra esencial se curva sobre la herida infinita, haciéndose venda y vela. Venda para la herida y vela para la intemperie.

VIII
HUMANA DULZURA, INHUMANA FRIALDAD

Cuando Rilke sugiere que algunas mujeres han llegado a ser más humanas que algunos hombres, está pensando en la paciencia y en la dulzura que a menudo las distingue, es decir, en lo mismo que Spinoza cuando explica que al sabio se lo reconoce porque actúa con mansedumbre. Aunque esta palabra, *mansedumbre*, es hoy intempestiva, su significado sigue siendo tan valioso como siempre, o aún más: una articulación de paciencia, amabilidad, dulzura y paz. Sus antónimos serían: *dureza, frialdad, agresividad...*

En el libro titulado *Pequeño tratado de las grandes virtudes*, André Comte-Sponville cita como ejemplo de mansedumbre la que se desprende de los escritos testimoniales de Simone Weil y de Etty Hillesum. Comparto totalmente la admiración por estas dos mujeres, por la vida y los textos de cada una de ellas—especialmente los de Weil—, por su sufrimiento y por su pasión. Pero ahora, por mi parte, aprovecharé la ocasión para reivindicar, una vez más, el testimonio, también inconmensurable, de Francisco de Asís. A partir de la calidez de su enseñanza, seguiré un itinerario que, al final, debería hacernos entender por qué lo contrario de la mansedumbre, la frialdad, coincide con la más pura inhumanidad.

En todos los escritos de Francisco, así como en los de autores de los primeros tiempos del franciscanismo, se subraya lo mismo: que los hermanos, sea cual fuere su origen social, eran tratados de la misma manera: como *hermanos menores*. Tratar a todos por igual fue el origen de la profunda revolución promovida por Francisco: en una sociedad muy jerarquizada, se propuso vivir en la más diáfana horizontalidad, sin resentimiento, y evitando las disputas. Sin embargo, esta horizontalidad no significa uniformismo. La relación entre los hermanos—*fratres*—es vitalidad pura. La comunidad fraterna tiene poquísima estructura y mucho dinamismo.

Hermanos menores: Francisco acuña esta expresión para indicar un modo de ser que evite cualquier pretensión de superioridad. *Menores*, es decir, pequeños, humildes. He aquí la primera cosa importante: todos igual de pequeños, todos igual de menores. Segunda cosa importante: todos deben tratarse como buenos hermanos; siempre atentos a ayudar, y con *amor maternal*: «Y cada uno ame y nutra a su hermano, como la madre ama y nutre a su hijo».[1] La fraternidad—palabra que, en abstracto, se usa muy poco—es siempre relación concreta con los hermanos.

Francisco es reacio a todo lo que sugiere superioridad: *magnatus*, *magister*, *praelatus*. Lo ideal: menores sin superiores. Por este motivo reemplaza *prior* por *custodio*, y *abate* por *guardián*—quien guarda y cuida—. Evidentemente, la minoridad es una conquista. Se requiere mucho esfuerzo y trabajo sobre uno mismo para llegar a sentirse servidor de los demás, y de todas las criaturas. Uno de los frutos tempranos de esta revolución es el hecho de que nadie tiene miedo de los menores. La actitud pacífica no se abandonará jamás. Cuando, ya muy avanzada su aventura, le preguntan por qué no interviene para corregir la decadencia de la orden, responde así: «Si no puedo vencer y enderezar los vicios con la predicación y el ejemplo, no quiero convertirme en verdugo para golpear y azotar, como el poder de este mundo».

---

[1] San Francisco de Asís, *Escritos. Biografías. Documentos de la época*, Madrid, BAC, 2017, Regla no bulada, IX, 11, p. 116.

La minoridad es como el aceite, que unge y nutre. La aventura de los hermanos era de verdad. Era de verdad que se querían y se abrazaban. Y es de verdad que algunos todavía lo siguen haciendo. El primer biógrafo de Francisco, Tomás de Celano, relata que cuando los hermanos se encontraban daba gusto ver «el amor espiritual que brotaba entre ellos y cómo difundían un afecto verdadero, superior a todo otro amor».[2] Resulta muy significativo que, en la regla, Francisco pida a los hermanos que reciban *amablemente* a quien llega por primera vez. Ciertamente, es una buena manera de empezar. Y, sin duda, también la mejor manera de continuar. Tomás de Eccleston, al narrar los inicios del franciscanismo en Inglaterra, recuerda que, al atardecer, los hermanos charlaban y reían, bebiendo un poco de cerveza. Las primeras comunidades mimaron la fraternidad que los acogía y que los sostenía. Celano destaca que Francisco era «de trato muy humano, hábil y en extremo afable», y que *ataba con afecto* a todos los hermanos. Atar con el suave cordón del afecto: ahí está el secreto. Los hermanos transmitían una paz y una alegría contagiosas. Y sólo se contagia lo que en verdad a uno le afecta: «La paz que proclamáis con la boca, debéis tenerla desbordante en vuestros corazones, de tal suerte que para nadie seáis motivo de ira ni de escándalo, antes bien por vuestra paz y mansedumbre invitéis a todos a la paz y a la benignidad».[3] De ahí la pertinencia del saludo franciscano: *paz y bien*.

El franciscanismo es una filosofía del amor, de la profunda simpatía por lo humano y por todas las criaturas. No es voluntarismo contra intelectualismo. Es *simpatía* que se

---

[2] *Ibid.*, Tomás de Celano, *Vida primera*, 38, p. 188.
[3] *Ibid.*, *Anónimo de Perusa*, 38c, p. 596.

expresa como acción y sabiduría. Por eso dirá Duns Escoto que «el amor es verdaderamente la acción».

La paz es algo que brota del corazón. De ahí que la atención esté puesta no tanto en la figura del pacificador como en la del *pacífico*. En realidad, sólo quien es verdaderamente pacífico puede pacificar. Sólo el pacífico transmite la paz. Y hoy, en cambio, hablamos demasiado de pacificación, de expertos y de técnicas para pacificar, y demasiado poco de personas pacíficas. Un síntoma más de la prioridad que damos a los instrumentos externos y a las mediaciones técnicas por encima de lo que más importa, que es la manera de ser. Francisco no enseñaba a *hacer* de pacificador o de mediador, sino a *ser* pacífico. Ésta es la lección ausente y que tanto nos urge recuperar.

La mansedumbre que surge del corazón pacífico es resultado de una lucha tenaz contra la tendencia al dominio y al poder. El hermano menor se esfuerza por ser pacífico. Y a buen seguro se requiere más fuerza de espíritu para llegar a ser pacífico que para ser dominador. Lo más fácil es juzgar, lo más difícil, abstenerse de hacerlo. La mejor técnica para la mediación es ser un hombre de paz, un hombre de buen corazón. El testimonio de esta bondad infundirá respeto y difundirá paz.

Con todo esto, no pretendo un discurso edificante o moralista. Hay algo muy de verdad, que sólo capta quien sintoniza cordialmente. Lo mostraré con un ejemplo. El franciscanismo, como otros movimientos religiosos, articula la conversión al evangelio cristiano con elementos procedentes de la herencia helenística. Hay autores que esto se lo toman en serio, como es el caso de Foucault. Es obvio que también éste recurre a veces al tópico según el cual con el ascetismo cristiano se abandona el mundo, algo que no ocurre con las ascesis helenísticas. Pero, en general, suele hilar fino y no simplifica la diversidad de caminos explorados por la cultura cristiana. Según Foucault, la historia de la ética consistiría en el estudio de las prácticas de sí y su relación con los códigos. Habría momentos en que los códigos serían tan fuertes que las prácticas casi que se reducirían a cumplirlos para, de este modo, evitar sanciones. Pero también habría momentos en que los códigos dejan de ser lo más importante y el peso recaería en las prácticas. Algo que ocurriría, precisamente, con el franciscanismo, y Foucault lo celebra hasta tal punto que enlaza el franciscanismo con el ascetismo antiguo que más le cautiva, esto es, el de los cínicos: «Los franciscanos, con su despojamiento, su vagabundeo, su pobreza, su mendicidad, son en verdad, hasta cierto punto, los cínicos de la cristiandad medieval».[4] No podría haber, por parte de Foucault, mejor elogio: los franciscanos como la actualización cristiana de los cínicos. Sólo una sensibilidad y un rigor como los suyos permiten detectar semejante sintonía.

En cambio, en un libro poco creíble de Sloterdijk, titulado *Has de cambiar tu vida*, el autor, sin un ápice de contención ni de modestia, pretende vender su *inmunología general* como la teoría que viene para sustituir a la metafísica y a las religiones del pasado. Pues bien, en un momento dado, como de paso y con afán de mostrar sus habilidades retóricas, refiriéndose a Francisco, dice lo siguiente: «el cristianismo de la primera época de las ciudades buscaba su *superstar*».[5] ¡Qué diferencia con Foucault! Y que nadie se engañe: Sloterdijk no es un seguidor de los cínicos antiguos. Para éstos, filosofía y vida eran la misma cosa.

---

[4] Michel Foucault, *El coraje de la verdad*, trad. Horacio Pons, Madrid, Akal, 2014, p. 170.

[5] Peter Sloterdijk, *Has de cambiar tu vida*, trad. Pedro Madrigal, Valencia, Pre-Textos, 2013, p. 395.

En sus últimos cursos, impartidos en el Collège de France, uno de los temas elegidos por Foucault en su lectura de los clásicos fue el de la franqueza (*parresia*). Le parecía una pista clave para abordar el cuidado de sí tal como fue pensado y practicado en la filosofía griega y en las escuelas helenísticas. Creo que la aportación foucaultiana acaba siendo muy convincente y valiosa. Y me pregunto si, además de la *parresia*, no estaría bien seguir también el rastro de la mansedumbre o de la dulzura. Para hacerlo, uno de los libros de referencia tendría que ser el de la reconocida helenista Jacqueline de Romilly titulado precisamente *La douceur dans la pensé grecque*.[6] La autora es consciente de la extrañeza que, en un primer momento, su título puede suscitar. Quiere hablar de la importancia de la dulzura en una sociedad de la que tradicionalmente se ha destacado la fuerza, la firmeza, el heroísmo... La dulzura corresponde a la palabra griega *praos*, y está relacionada con conceptos como equidad, filantropía, indulgencia... De Romilly analiza detalladamente la obra de Isócrates, mostrando que la frecuencia de los términos mencionados es muy alta. Isócrates tuvo relación con Sócrates y con Gorgias; se distanció de los sofistas; se dedicó a la enseñanza, y se sabe que tenía muy buen trato con sus alumnos. Pues bien, según Isócrates, la dulzura sería nada menos que lo que el espíritu griego recibió como herencia desde Teseo: «con tanta justicia y amor gobernaba, pues, la ciudad que, incluso ahora, queda en nuestras costumbres huella de su afable mesura».[7] En este registro político, la dulzura se relaciona estrechamente con la

---

[6] Jacqueline de Romilly, *La douceur dans la pensée grecque*, París, Les Belles Lettres, 1979.

[7] Isócrates, *Discursos I*, trad. Juan Manuel Guzmán, Madrid, Gredos, 1979, p. 176 (*Elogio de Helena*, 37).

idea de civilización, es decir, con la prioridad de la palabra y de las leyes por encima de la violencia y de la brutalidad. La civilización no es una herencia natural ni espontánea y, por tanto, está en manos de la educación promoverla y garantizarla. En suma, para Isócrates, la dulzura como *forma de vida* (moderación, indulgencia, respeto…) no sólo distinguiría la vida propiamente humana de la bárbara, sino que sería la mejor expresión de la cultura griega.

Después de Isócrates, la otra figura ejemplar para el tema sería, sin duda, Sócrates. Un fragmento del *Fedro* lo ilustra muy bien. Sócrates se encuentra conversando con Fedro y le pregunta cómo cree que reaccionarían Sófocles y Eurípides si alguien, por combinar bien algunas palabras, se diera aires de gran poeta, incluso delante de ellos. Fedro responde que se reirían de él. Pero, en cambio, Sócrates observa: «opino que no le harían reproches demasiado ásperos…».[8] Es decir, que intentarían hacerle ver su situación, pero con amabilidad. Porque es la amabilidad, y en ningún caso la arrogancia, la señal de la sabiduría. En el ámbito educativo, y en el del cuidado de sí en general, la dulzura es el camino. El cuidado del alma exige paciencia y dulzura. Incluso ante la muerte inminente, Sócrates se muestra afable. Especialmente revelador es lo relatado al final del *Fedón*: «… aunque muy a menudo había admirado a Sócrates, jamás sentí por él mayor aprecio que cuando estuve allí a su lado. Porque yo admiré extraordinariamente en él primero esto: qué amablemente, y con qué afabilidad y afecto aceptó la réplica de los jóvenes».[9] A pesar de la gravedad de la

---

[8] Platón, *Diálogos III* (*Fedro*, trad. Emilio Lledó), Madrid, Gredos, 1988, p. 390 (*Fedro*, 268d).
[9] Platón, *Diálogos III* (*Fedón*, trad. Carlos García Gual), *op. cit.*, p. 88 (*Fedón*, 89a). Cf., también, *Critón*, 43b.

situación, Sócrates tiene paciencia con sus jóvenes interlocutores—no siempre lo suficientemente cuidadosos y atentos—y les responde amablemente.

Pues bien, una vez destacada esta actitud en el mundo griego, es imprescindible advertir la revolución que realiza el cristianismo al considerar precisamente la dulzura como la manera de ser de Dios mismo. Tal es el evangelio cristiano: Dios no se revela a través del poder, la fuerza o la realeza, sino a través de la humanidad de Jesucristo; a través de la humildad, la vulnerabilidad y el amor compasivo de Jesucristo. La dulzura y no la fuerza. La *kenosis*, la Encarnación como rebajamiento; la bajeza y la humildad hechas divinas. Lo más divino revelado en lo *más humano*.

Mientras la dulzura griega es básicamente amabilidad, la dulzura cristiana se identifica con la mansedumbre y la humildad. En el mundo griego, *praos* no se relacionaba con humildad ni con pobreza, y menos aún con la categoría social de la gente humilde. En el cristianismo, sí. Sin embargo, el sentido griego también será conservado. Obsérvese, por ejemplo, cómo se dirige Pablo a los tesalonicenses:

Nunca nos presentamos, bien lo sabéis, con palabras aduladoras, ni con pretextos de codicia, Dios es testigo, ni buscando gloria humana, ni de vosotros ni de nadie. Aunque pudimos imponer nuestra autoridad por ser apóstoles de Cristo, nos mostramos amables con vosotros, como una madre cuida con cariño de sus hijos.[10]

Nótese la analogía sorprendente con los textos socráticos: Pablo contrapone la amabilidad y la dulzura tanto a la adulación como a la fuerza.

---

[10] Primera epístola a los tesalonicenses 2, 5-7.

HUMANA DULZURA, INHUMANA FRIALDAD

El cristianismo de los primeros siglos adopta los valores griegos relativos a la dulzura, pero *los radicaliza* al conectarlos con la esencia de la revelación. Tanto la dulzura-amabilidad como la dulzura-humildad terminan ganando a la fuerza violenta. El fuego no puede apagar el fuego, pero el agua sí lo apaga. La ira intensifica la ira; la mansedumbre, en cambio, la apacigua. La mansedumbre es un coraje sin dureza ni violencia. La dulzura, que es la sensibilidad emergiendo por los poros de la palabra y del gesto, tiene el poder de pacificar. La dulzura genera paz; es poeta de la paz.

Para seguir con esta digresión, resulta de gran ayuda el comentario que sobre la mansedumbre nos ofrece Juan Clímaco, monje y maestro espiritual que vivió en el siglo VI en las montañas del Sinaí y que, como fruto de su experiencia, escribió una obra sobre la vida monástica llamada *Escala espiritual*.[11] En realidad, al autor se le conoce como Juan Clímaco porque *clímaco* significa 'escala' en griego: «Juan el de la escala». Pues bien, en cuanto a la mansedumbre, éste indica que es precursora de la humildad y baluarte de la paciencia. Lo que me llama gratamente la atención es que uno de los aspectos tratados en el apartado de la mansedumbre sea nada menos que el de la franqueza: «gozosa disposición de un alma sin artificios». Franqueza contra hipocresía, «abismo de la duplicidad». Clímaco confirma la sospecha que he apuntado antes, a saber, que existe un vínculo especial entre franqueza y mansedumbre.

La verdad—la veracidad, el intento de hablar verdaderamente—debe ser amable. El celo amargo sólo provoca males. En vez de las reprimendas rigurosas, la palabra *suave* reconoce lo hecho pero ya en ese mismo instante extiende

---

[11] San Juan Clímaco, *Escala Espiritual*, trad. Teodoro H. Martín, Salamanca, Sígueme, 1998.

la mano y mira hacia delante. Quien sólo reprocha, aunque aparentemente esté en lo cierto, no ha madurado lo suficiente. La agresividad es una inmadurez y una debilidad. Tal como resumirá Spinoza: «quien se esfuerza en guiar a los demás según la razón, no obra por impulso, sino con humildad y benignidad...».[12]

LA PERFECTA INHUMANIDAD DE LA FRIALDAD

La mejor definición de cultura y de educación que conozco se encuentra en un texto literario: *Las ciudades invisibles*, de Italo Calvino. Marco Polo se dirige al Gran Khan, el emperador de los tártaros, para describirle, en una serie de informes, las ciudades que ha conocido en sus expediciones por el imperio. Y he aquí la reflexión final del aventurero:

El infierno de los vivos no es algo por venir; hay uno, el que ya existe aquí, el infierno que habitamos todos los días, que formamos estando juntos. Hay dos maneras de no sufrirlo. La primera es fácil para muchos: aceptar el infierno y volverse parte de él hasta el punto de dejar de verlo. La segunda es arriesgada y exige atención y aprendizaje continuos: buscar y saber reconocer quién y qué, en medio del infierno, no es infierno, y hacer que dure, y dejarle espacio.[13]

La cultura y la educación consisten en esto: en hacer durar lo bueno y darle espacio, es decir, en hacerlo crecer.

---

[12] Baruch Spinoza, *Ética*, trad. Vidal Peña, Madrid, Editora Nacional, 1980, IV, prop. 37, escolio 1, p. 302.
[13] Italo Calvino, *Las ciudades invisibles*, trad. Aurora Bernárdez, Madrid, Siruela, 1994.

Y, a la vez, en conseguir que el infierno retroceda o, lo que viene a ser lo mismo, en aplazar el momento de la inhumanidad. Pero ¿qué es lo bueno, y qué la infernal amenaza?

Tanto desde el acercamiento a la esencia de la vida humana en cuanto repliegue del sentir como desde la atención prestada al dulce tono de la curvatura poiética, la *degeneración* del buen camino y del buen hacer se descubre, sobre todo, como *insensibilidad*. En ella reside lo más inquietante de todo, así como la fuente más caudalosa del mal. La insensibilidad es una inercia que no se curva por nada, y que no siente compasión por nadie.

La perfecta inhumanidad no reside ni en lo irracional, ni en la inconsciencia, ni en la locura. La perfecta inhumanidad reside en la frialdad, en la insensibilidad.

El corazón es la curva de la cordialidad, de la mansedumbre, de la ternura. Y como tener el corazón duro es sinónimo de no tener corazón, la perfecta inhumanidad es la falta de corazón. Por ello, la cima de la humanidad se revela en la buena gente. Por desgracia, también hay gente que se alza en las peanas de la perfecta inhumanidad. Bien porque ni el repliegue ni la herida infinita han terminado de producirse, bien porque determinadas circunstancias sociales o personales han endurecido o helado su corazón.[14] La inhumanidad es casi igual de antigua que la humanidad, puesto que es su inmediata degeneración.

---

[14] Aunque hay que ser cuidadoso al interpretar ciertos textos, es bastante evidente que no puedo seguir la exhortación con que Nietzsche termina el *Crepúsculo de los ídolos*: «Esta nueva tabla, oh hermanos míos, coloco yo sobre vosotros: ¡haceos duros!». La literatura sapiencial, que sí sigo, ha vinculado el corazón empedernido con la ceguera espiritual, que lleva a no entender; con la sordera voluntaria, que lleva a no escuchar; y con la maldad, que lleva a extender el infierno.

Nuevamente, nos asiste la sabiduría de Juan Clímaco. El maestro de novicios dedica los capítulos de su libro a los temas clásicos: desprendimiento, obediencia, soberbia, humildad, etcétera, pero resulta que uno de ellos lo titula precisamente «Insensibilidad y dureza de corazón». En él, después de afirmar que la insensibilidad es la muerte de todo sentimiento en cuerpo y alma, añade cosas tan incisivas como ésta: «El hombre insensible es un filósofo idiota...». Hay que señalar que aquí *idiota* significa 'cerrado en sí mismo' e 'ignorante', pero, también, 'alguien inepto para hacer bien alguno a los demás'. Sin embargo, lo que ahora mismo quiero destacar de la reflexión de Clímaco es que confiese verse incapaz de hacer nada con estas personas: «No me avergüenzo de reconocer que a mí me es imposible». Que alguien como él, maestro de paciencia, dé por perdidos a los insensibles, y a los duros de corazón, indica que, de una manera u otra, allí se encuentra con lo peor; que allí lo humano desaparece tras una coraza fría de metal estridente.

Pasan los siglos, y este agudísimo diagnóstico puede repetirse tal cual. En un texto de título elocuente: «La educación después de Auschwitz»,[15] Adorno sostiene que la principal finalidad de la educación no debería ser otra que la de combatir la insensibilidad. Con mucho acierto, considera equivalentes frialdad, insensibilidad e indiferencia, y reconoce lo inquietante que es cuando un determinado contexto social promueve la existencia de hombres «especialmente fríos». Aprovecha, de paso, para hacer notar que es aquí donde falló el cristianismo: «Uno de los grandes impulsos del cristianismo, impulso que no se identificaba de manera directa con el dogma, fue el de extirpar la frialdad

---

[15] Theodor Adorno, *Consignas*, trad. Ramón Bilbao, Buenos Aires, Amorrortu, 1973.

que todo lo penetra. Pero este intento fracasó, precisamente porque dejó intacto el ordenamiento social que produce y reproduce la frialdad».[16]

Por este motivo, asumiendo el relevo en tal magna e ineludible responsabilidad, la finalidad principal de la educación, y de la cultura en general, debería ser la lucha contra la frialdad. Sólo así se estaría obrando para que ningún Auschwitz, ni nada que se le parezca mínimamente, siga repitiéndose.

Califico de *antipoiesis* al tipo de acción desarrollada a partir de la frialdad, y de *autoexcluidos* a sus autores. *Antipoiesis* porque destruye y provoca la extrema degeneración. *Antipoiesis* porque exhibe lo contrario de los modos de la *poiesis*: ni se curva amablemente sobre la gravedad de la vida, ni vincula nada, sino que todo lo corta y todo lo interrumpe. Mientras que la dulzura lima hasta redondear y suavizar lo puntiagudo, la frialdad de la *antipoiesis* acentúa lo arisco.

Autoexcluidos porque, aunque hay que estudiar muy bien los condicionantes sociales que llevan a la proliferación de un tipo de personalidad fría, no hay que abandonar la convicción de que cada uno es alguien; alguien capaz de curvar y suavizar el gesto, en lugar de lanzar el insulto o de clavar el puñal. Los autoexcluidos lo son de la comunidad que se junta y se curva por la gravedad de la vida; de la comunidad que, cultivando la fraternidad, hace del mundo casa. La lista de los autoexcluidos se alarga interminablemente: quienes, soberbios, se sitúan por encima y aspiran a dominar; quienes, sin saberse querer lo bastante a sí mismos, proyectan odio hacia los demás; quienes, demasiado ambiciosos, sólo hablan demagógicamente y han

[16] *Ibid.*, p. 93.

perdido—o aún no han vivido—la esencia de la palabra; o quienes, huyendo de la infinitud que les hiere, lo hacen también de la respuesta debida.

También habría—en expresión de Clímaco—los «filósofos idiotas», supuestos intelectuales que no han entendido que la ilustración nunca puede ser una altivez sino, precisamente, una *segunda minoridad*, diferente de la primera; que la mayoría de edad (ilustrada) no debe traducirse en superioridad, sino en una *nueva minoridad*, que, a diferencia de la primera, nada tiene que ver con la ignorancia forzada de los pobres y de los sometidos, sino con la ignorancia sabia y la asunción de la responsabilidad.

No ser un filósofo idiota es una conquista, y exige esfuerzo y cuidado sobre uno mismo. No es una posesión sino una consecuencia siempre provisional y precaria. No ser un filósofo idiota requiere un esfuerzo también constante para no aislarse ni ensimismarse; para saber que el retorno a sí mismo es un regreso interminable a los demás. No ser filósofo idiota significa saber que el principal *cuidado*, que la principal *terapia*, es un *servicio*.

Tal vez la mayor lección que un filósofo pueda aprender del franciscanismo sea llegar a ser, más allá de toda altivez, un *filósofo menor* en medio de los *hermanos menores*.

IX
BAJO EL CIELO AZUL,
SOBRE LA TIERRA PLANA

No hay casa sin ventana: para *ventilar*, para que entre el viento o la brisa y se renueve el aire que respiramos. El último aliento es la última presencia—el último alimento—de la vida. Pero, por la ventana, no sólo entra el aire, sino también el cielo: el aire del cielo y el mismo cielo. Necesitamos la ventana para poder tener un pedacito de este cielo que tanto nos sosiega.

¡Qué suerte tener el cielo azul cubriendo la tierra plana! Juntura paradigmática y aprendizaje mayúsculo de qué significa distinguir sin separar. Aquí, bajo el cielo azul y sobre la tierra plana, se nos encomienda la creación.

Cuando por la ventana vemos el cielo, nos llega ya de alguna manera su plusvalía significativa, como si en lo contemplado sintiéramos y recuperáramos ecos inmemoriales. El cielo azul que miramos—y que nos mira—es ya símbolo. Y el símbolo no es un atajo, sino más bien un rodeo, que nos ofrece, por una ladera especial, algo que nos orienta. El cielo azul es un ejemplo magnífico de cómo la imaginación ha convertido la experiencia en símbolo. Y, por tanto, de cómo nos ofrece una nueva oportunidad para pensar y repensar a partir de lo que, en él, ya hay de pensado.

Obviamente, con el cielo no tenemos un único símbolo. Se ofrecen *aspectos* relevantísimos del cielo con diferentes imágenes dinámicas asociadas que, por consiguiente, dan pie a simbolizaciones también diferentes. Así, por ejemplo, he aquí situaciones muy diversas: el sol en el cielo (de día); el cielo estrellado (de noche); y el cielo azul (de día y sin el sol, sobre todo al amanecer).

El sol en el cielo es básicamente el *día*, y la imagen-movimiento es el sol moviéndose de forma tan lenta que casi no se percibe. Este movimiento es el tiempo, pero no el de *kronos* devorador, ni tampoco el tiempo trágico irreversible, sino el tiempo de la repetición y de la orientación cotidiana.

El cielo estrellado se corresponde con la idea de *cosmicidad*. Miles de puntos luminosos moviéndose al unísono, como si todos ellos estuvieran incrustados en una misma esfera.

¿Y *el cielo azul*? Los dos símbolos que acabo de mencionar tan resumidamente son, de hecho, inagotables. Y el cielo azul, también. Pero es en este último donde ahora vamos a detenernos un poco, sobre todo para prestar atención a dos de las secuencias de simbolización que se han practicado, y al motivo por el cual considero oportuno optar por la segunda de ellas. La primera: quietud, eternidad, idealismo, fuga, caída. La segunda: protección, articulación cielo-tierra, amanecer, misterio. Obviamente, hay intersecciones posibles, y en ninguna de las dos series es obligatorio recorrer todos los pasos.

EL CIELO AZUL COMO ETERNIDAD Y ALTURA

En varias tradiciones religiosas, el cielo azul se ha asociado a la eternidad. ¿Por qué? La razón es relativamente sencilla. La perfecta uniformidad del cielo azul sugiere inmaterialidad, ingravidez, liviandad… y, también, quietud y ausencia de cambio. Lo primero se ha asociado a la vida del espíritu, a la contemplación. Y, lo segundo, a *lo otro que el tiempo*. Si el tiempo es movimiento, el cielo azul, perfecta y totalmente azul, donde nada se mueve, es eternidad. ¿Y qué significa eternidad? Pues, *lo otro que el tiempo* y, por ende, sin decadencia, ni envejecimiento, ni muerte. De ahí la simbología religiosa.

Dicho de otro modo: no es nada raro que la uniformidad y la calma del cielo azul nos sosieguen. Su fenomenalidad mínima es como una especie de nirvana visual, que conduce a una ensoñación tranquila. En su inmensidad, la serenidad del cielo azul parece invitarnos a abandonar la desazón y la caducidad de la tierra. El azul azulísimo es un mar de contemplación y de serenidad que nos ha llevado a acentuar las separaciones: material-espiritual, temporal-eterno, terrenal-celestial, mundano-divino... Es evidente que la fuerza de esta dirección simbólica ha sido, y sigue siendo, poderosa. Se encuentra por doquier y rebasa los contenidos religiosos más específicos. Pondré sólo un ejemplo, algo curioso. Existe un cuadro famoso de Dalí conocido familiarmente como el de los relojes blandos. Se encuentra en el Museum of Modern Art de Nueva York y en realidad lleva el título de *La persistencia de la memoria*. Cuando Gala lo tuvo delante, recién terminado, dijo: «Después de haberlo visto, nadie podrá olvidarlo». Y es cierto. Pues bien, creo que merece la pena observar que el fondo de los relojes blandos es de color azul, reflejando el azul del cielo. Que esto sea así encaja con el hecho de que estén detenidos. Aunque el conjunto de la obra sugiere quietud e incluso inmovilidad, hay dos elementos que no: por un lado, la luz amarillenta de la puesta del sol—el movimiento del día—y, por otro lado, mucho más evidente, el movimiento de unas hormigas sobre un reloj rígido cerrado, lo que se corresponde con la imagen del hormigueo, de la agitación caótica y literalmente inquietante, en contraste con el cielo azul y con la quietud de los relojes blandos detenidos. Blandos, es decir, que ya no nos dañan. Son relojes que marcan horas diferentes, alrededor de las siete. En esta variación horaria, hay quien interpreta la relatividad del tiempo; yo prefiero pensar que los relojes *se han ido deteniendo*.

No es casual que la obra daliniana exprese una especie de sueño. Es la ensoñación del cielo azul. Pero una ensoñación que, como todas, se produce a partir de un lugar concreto. El vuelo de ésta se emprende desde la playa de Portlligat, cerca de Cadaqués. Se pinta y se sueña a partir del lugar; gracias a la gravedad del lugar puede haber ascenso hacia el cielo azul. Ligereza y gravedad. También, en esta dirección, se podría apuntar algo que indicará más tarde el mismo Dalí: «Que el tiempo no se puede concebir, sólo el espacio». Como ya se ha dicho, la memoria es resistencia frente al tiempo nihilizador. Memoria e imaginación son formas del mismo movimiento: de resistencia y de lenificación frente a aquello que todo se lo lleva por delante. El Alzheimer es una de las muestras, también simbólicas, de cómo el combate finalmente se pierde. Pero, del cuadro de Dalí, retengamos ahora sólo esto: que los relojes blandos, detenidos y con fondo azul, son un símbolo excelente del ensueño y de *lo otro que el tiempo*.

En medio del cielo azul es como si el tiempo se hubiera dormido, y de este modo se nos transporta al umbral de la eternidad. Bachelard insiste, además, en la transparencia del cielo azul.[1] Es el único punto donde difiero del maestro de las imágenes; pues más que transparencia, diría que la experiencia nos da la profundidad del cielo azul —aspecto, sin embargo, que de ninguna manera es ignorado por Bachelard.

Y, en verdad, la profundidad es la altura; la profundidad puesta arriba es la altura. El cielo azul es, después de inmen-

---

[1] Gaston Bachelard, *El aire y los sueños*, trad. Ernestina de Champourcin, México D. F., FCE, 1997, p. 212.

sidad y de quietud, altura. Por eso, en las religiones politeístas los dioses suelen ser los habitantes del cielo y de las alturas, y en las monoteístas, Dios es el altísimo. Altísimo, divino y celestial devienen equivalentes.

EL CIELO AZUL COMO EVASIÓN Y, FINALMENTE, COMO CAÍDA

Si la plusvalía de sentido que lleva hacia *lo otro que el tiempo* es ubérrima, también lo es la que hace ver al cielo como *fuga* de la tierra. Desde Celso (siglo II) hasta Nietzsche y Marx, la literatura sobre este punto es numerosísima. Las andanadas contra el cristianismo lo son, en muy buena medida, contra su supuesta evasión a un cielo irreal, que actúa como opio para el pueblo, y como desdén de la tierra. Dado que, en tal fuga, platonismo y cristianismo se habrían convertido en poderosos cómplices, la crítica de Nietzsche se dirige a ambos. Idealidad platónica y eternidad cristiana irían de la mano para provocar un ominoso desprecio de la tierra y de la vida. Así, por ejemplo, la *fuga mundi*, que en los padres del desierto tiene un sentido valioso como abandono de la lógica social de la posesión y de los conflictos, adquiere, en los detractores, un sentido muy diferente, al hacerse sinónimo de evasión cobarde. Al margen, no puedo dejar de insistir en que la intención de los padres del desierto, si bien por un lado era desentenderse del mundo, por otro lado era comprometerse todavía más con él, pero de otro modo. Es decir, que la *fuga mundi* más auténtica es paradójica; en ningún caso busca la evasión, sino la asunción de un compromiso todavía mayor.

Sea como fuere, el argumento crítico ha sido punzante y persistente. Para no reproducir las fórmulas de Nietzsche, de Feuerbach o de Marx—suficientemente conocidas—, me referiré a la actualización más contemporánea y original del pensador Georges Bataille, que, en su excelente obra *La experiencia interior*, incluye un capítulo titulado precisamente «El azul del cielo». Según Bataille, el cielo es el *vacío* en el que puede caerse: «... el ser humano, olvidado sobre la tierra [...], accede de golpe a la caída desgarradora en el vacío del cielo».[2] La imagen expresa una experiencia escalofriante: cualquier caída libre es espantosa, pero en el vacío del cielo aún más, por larga y agónica. Según la narración de Bataille, el hombre, que procede de la tierra, puesto de pie y orgulloso, la niega pronto. Ahora bien, habiendo negado la tierra, y asustado porque ya intuye el vacío del cielo, diviniza y alaba provisionalmente el cielo. Pero el autoengaño no durará mucho—o sí: un buen puñado de siglos—, y finalmente caerá, tanto el engaño como el engañado.

Bataille define la vida como verticalidad (en lo que coincidimos: yo he hablado de pequeñas verticales flexibles y vulnerables sobre la horizontalidad de la tierra), pero como verticalidad que desafía la tierra. Bataille cree que la simbología mitológica esconde sutilmente la verdad. La verdad, según él, es que el cielo es el hueco donde cae la tierra, pero nos hemos inclinado a contar la historia inversa: la tierra como caída desde el cielo (bello y moral). En lugar de celebrar la tierra, la hemos negado y hemos buscado el sentido, es decir, el consuelo, en el cielo. Sin embargo, en una etapa posterior, habiéndonos dado cuenta del autoengaño, dirigimos el desprecio hacia el cielo y la opresión divina, que barremos enérgicamente, quedándonos, de nuevo, con el cielo vacío.

[2] Georges Bataille, *La experiencia interior*, trad. Silvio Mattoni, Buenos Aires, El cuenco de plata, 2016, p. 103.

INTERLUDIO: SITUARSE BIEN

Como momento intermedio de distensión, recupero una ironía anexable a lo que ahora mismo acabamos de ver; una ironía procedente de un supuesto realismo que, de hecho y paradójicamente, resulta muy desorientador. De uno de los dos hermanos Leonardo de Argensola—coetáneos de Lope de Vega—es el poema «A una mujer que se afeitaba y estaba hermosa», al que pertenecen estos versos antológicos:

> Porque ese cielo azul que todos vemos,
> ni es cielo ni es azul. ¡Lástima grande
> que no sea verdad tanta belleza!

Sátira incisiva sobre la belleza femenina y sobre la belleza en general, estos versos no han perdido en absoluto su actualidad. Hay mucha gente que piensa que, *en realidad*, el cielo, ni es azul, ni es como lo vemos. Realismo corto de miras. ¿Negaremos la verdad de todo lo que vivimos? ¿Alguien piensa de sí mismo, siguiendo el más estricto conocimiento científico, que todo él es una especie de vacío enorme? ¿Y qué boxeador, al encajar un duro golpe, puede pensar que, en realidad, el puño de su adversario no ha llegado a alcanzarle? Este riguroso realismo científico resulta caricaturesco si se lo saca de contexto. ¡Ruinoso realismo que hace perder el sentido de la realidad!

Desde luego, es muy importante *situarse bien*, para evitar la alucinación, la monstruosidad o el miedo, y para no perder el sentido de las cosas. Hay que tener los pies en el suelo, pero no sólo eso. Saber situarse es saber mantener la proximidad y la distancia; procurar no mezclar ni confundir registros; tener puntos de referencia… Situarse bien, pensar bien, mirar bien… Relacionarse bien con las cosas más sencillas y cotidianas es un buen aprendizaje; y relacionarse bien con los demás, el aprendizaje crucial.

Para situarse bien, conviene, sí, tener los pies en el suelo, pero elevando ya en ese mismo instante la mirada hacia el cielo. En esa juntura reside el verdadero realismo.

EL CIELO AZUL COMO ARCO PROTECTOR

Pasemos a la segunda secuencia de simbolización sobre el cielo azul, que considero más radical y fecunda que la primera.

La arquitectura del cielo es muy sencilla: un arco, una bóveda; la bóveda o la cúpula celeste. El cielo azul se curva sobre la tierra. Más primordial aún que la curvatura del espacio-tiempo, es la curvatura del cielo azul sobre la tierra plana. Todo lo humano necesita cobertura. Y el cielo es como la sábana azul que cubre la tierra; como la tela que convierte la tierra en una tienda de campaña en medio del universo. Imagen, esta última, que ya aparece en los textos bíblicos: «Él expande los cielos como un tul, y los ha desplegado como una tienda que se habita».[3] Cubierta protectora del mundo. La intemperie existencial es tan intensa, que no basta con una sola protección; necesitamos más de una y más de dos. El calor de la abuela ya es un amparo para Ana; y el techo, otro; y el cielo azul, otro. Cuando decimos, pues, que la tierra es nuestra casa es porque el arco del cielo ya está incluido.

Alguien ha formulado la pregunta sobre cuál podría ser considerada la peor época de la historia entera de la humanidad. Es conocida la afición actual a este tipo de rankings

---

[3] Isaías 40, 22.

y de competiciones bastante absurdos. Sin embargo, ahora le sacaremos un poco de provecho. Una de las respuestas dadas a la citada pregunta indica que la peor época de la historia de la humanidad tiene que ver precisamente con el *oscurecimiento del cielo*. Hacia el año 535 de nuestra era, una extraña niebla cubrió medio mundo. Durante unos cuantos meses, el cielo azul desapareció, y de día, tras esa capa oscura, apenas se divisaba la silueta de un sol que ya no calentaba. Un historiador de la época, conocido como Procopio de Cesarea, relata el acontecimiento, y explica que los años posteriores estuvieron repletos de guerras, de hambruna por falta de cosechas, y de epidemias—de efectos mucho más devastadores que la que nos ha tocado vivir—. Recientemente, unos estudios geológicos han revelado que aquella niebla oscura fue debida a unas fortísimas erupciones volcánicas acaecidas en Islandia. Lo seguro es que el oscurecimiento del cielo esparció la muerte. Al perderse el cielo azul, al perderse el arco protector del cielo azul, la intemperie aumentó y el frío y la oscuridad hicieron de la tierra un infierno. Si el arcoíris es como la fiesta del cielo, un arcoíris negro hubiera podido ser, en ese momento, la señal anunciadora del fallecimiento de la tierra. El infierno es la ausencia definitiva del cielo azul.

Necesitamos la curvatura y la cobertura del cielo, horizonte y oxígeno para el alma. De ahí que toda ventana sea básicamente una ventana al cielo para tener cielo. Un pedazo de cielo azul a través del cristal de una ventana no tiene precio.

En casi todas las cosmogonías antiguas, la diferenciación primordial es la de cielo y tierra. Pero ahí está la obviedad que no hay que olvidar: sólo a partir de la diferencia cabe la *articulación*. El cielo es cielo para la tierra, y la tierra es tierra para el cielo. Sin cielo no hay tierra, y sin tierra no hay cielo. Esto forma parte de la tesis más general sobre la situación humana: que el allí define el aquí. El allí del tú define el aquí del yo: el allí del cielo define el aquí de la tierra. El cielo interpela la tierra. Una observación de Cézanne refuerza en cierto modo esta tesis, dice así: «El azul da a los demás colores su vibración». El azul del cielo hace vibrar los colores de la tierra. El cielo es como el diafragma de la respiración del mundo—también el diafragma tiene forma de cúpula—. Gracias al cielo, respira la tierra.

La casa tiene lugar en la articulación de cielo y tierra, y la ventana es su demostración más evidente. La ventana (también *fenestra* en castellano antiguo) es la hendidura de la casa: el agujero a través del cual la casa arraiga en el cielo. La ventana hace de vínculo, de bisagra, de conexión. Acerca el cielo a la tierra y la tierra al cielo, en un movimiento de doble dirección. El cielo—o la luz del cielo—entra por la ventana, y la mirada, por la ventana, sube hasta el cielo. Apertura: gracias a lo que entra, cabe salir.

La casa es uno de los elementos emblemáticos de la articulación. La juntura es tan fuerte que, sin confusión, cada uno de los elementos se nutre del otro. La tierra se ha apropiado de la luz del cielo y el cielo, del liviano olor húmedo de la tierra. Hay luz concentrada no sólo en las hojas del árbol sino incluso en su tronco, y en las rocas de la montaña, y en el agua cristalina del río, y en los ojos de Ana. Pero, así como la luz desciende y empapa la tierra, la humedad sube y empapa el cielo. Por eso, como dice el poeta Màrius Torres en uno de sus versos, las golondrinas llegan «empapadas de azul». Y siempre la juntura: los nidos de las golondrinas están hechos de tierra y de cielo, al igual que las casas a las que tan bien adosados están.

EL CIELO COMO ESENCIA DE LA TIERRA Y... ¡REVELACIÓN DE LA VIDA!

Si el papel asignado al cielo, tanto en el tópico platónico-cristiano como en la crítica nietzscheana, se basa en la separación de cielo y tierra, la alternativa imaginativa a la que me estoy sumando es la de su articulación; no un trabajo sobre la separación, sino sobre la articulación estrechísima (esencial) de cielo y tierra. Al igual que en las antiguas cosmogonías, también ahora cabe descubrir su fecundidad.

Si la simbolización se realiza sobre el dinamismo de las imágenes y de los gestos, ¿sobre qué movimiento se forja la significación del cielo azul? De Paul Claudel es esta magnífica intuición: «Lo azul es la oscuridad que se hizo visible». Sobre ella, Bachelard propone una leve variación con el fin de acentuar el movimiento: «Lo azul es la oscuridad haciéndose visible».[4] El amanecer: pasar de la oscuridad al azul es, precisamente, hacerse de día. El cielo azul es un verbo: hacerse de día. ¡Qué sencillez y qué maravilla! El cielo azul como una especie de alba dilatada, duradera. Pero aquí no acaba la cosa, hay que seguir la pista. Al movimiento de hacerse de día corresponde otro movimiento en el humano; un movimiento paralelo todavía más radical y revelador: *despertar*. Y, sin duda, con esto sí que se llega a lo más precioso: la significación del cielo azul como despertar.

Si bien el movimiento del despertar sugiere, sobre todo, el despertar mañanero, enseguida y espontáneamente puede ampliarse: despertar quiere decir abrir los ojos al día, al cielo, a la luz, al mundo. Yo despierto al día, y la tierra despierta a la luz del cielo. El despertar es continuo, como continua es la apertura de la tierra a la cúpula del cielo. Ve-

---

[4] Gaston Bachelard, *El aire y los sueños*, op. cit., p. 213.

nir al mundo es abrir los ojos al cielo desde la tierra de la tierra. Para nosotros, vivir es haber venido al mundo, es decir, haber venido al cielo que cubre e ilumina la capa de la tierra. Despertar, venir al mundo, venir al cielo. Lo mismo que *dar a luz* se ha convertido en sinónimo de nacer, también podría hacerse lo mismo con *dar cielo*. En suma: no hay que separar cielo y tierra; ambos forman el horizonte primordial de la vida humana. Sin este horizonte, falta aliento, fuerza, esperanza. El cielo es cielo gracias a la tierra. Y la tierra es tierra gracias al cielo, que a la vez la cubre y la descubre. La *cubre* a modo de sábana, y, aun cubriéndola, la *descubre* con su inmensa luz.

Despertar, pues, es justo eso: venir al día, venir al mundo, venir a la luz... que se abra el cielo. De ahí también el vínculo entre nacimiento y ventana. El despertar es símbolo de la vida humana. Por eso tantos poetas lo han cantado, como Machado en estos versos:

> Si vivir es bueno,
> es mejor soñar,
> y mejor que todo,
> madre, despertar.[5]

Despertar es la reiteración del nacer. Hemos venido al mundo, y venimos cada día de nuevo, en la reiteración que es la vida misma. Pero el despertar de la vida humana tiene esta particularidad: que es un despertar sin sueño previo. Viniendo de ninguna parte.

El cielo, así, es la revelación de la tierra, es decir, el cielo azul nos acerca al prodigio de la vida humana como despertar. Y he aquí que, de este modo, hemos copiado, y a la

---

[5] Antonio Machado, *Poesías completas*, Madrid, Austral, 1984, p. 279.

vez invertido, la crítica de Feuerbach y Nietzsche al cristianismo y al platonismo. Si proyectamos la vida en el cielo no es por evasión, sino precisamente porque en el cielo resuena la experiencia radical: venir al mundo desde ninguna parte y despertar al día.

Alguien podría replicar y recordar que el libro del Apocalipsis habla precisamente de un cielo nuevo y una tierra nueva,[6] y subrayar *nuevo* como indicio de fuga. Pero entonces habría que responder que sí, pero justo ¡cielo y tierra! Es aquí donde debe detenerse la reflexión filosófica: cada día es un nuevo día; y hoy necesitamos más cielo que nunca. Cielo, es decir, protección, tienda, orientación y venda azul para la herida infinita. Los niños pequeños suelen pintar el cielo azul cubriendo la tierra. Van por buen camino. El cielo es el arco que hace de casa y que da el día. Una vieja casa y un viejo día, o una casa nueva y un día nuevo, da igual. La bóveda del cielo azul es despertar… en casa.

---

[6] Apocalipsis 21, 1.

X
DÍA A DÍA, Y ALGUNA NOCHE OSCURA

Si bien situarse en el horizonte cielo-tierra es tan importante para nuestra salud anímica y para orientar la acción, todavía lo es más hacerlo en relación con la juntura día-noche. Se trata de una experiencia muy fundamental de nuestras afueras, sujeta a simbolizaciones no siempre coincidentes. Pero, a diferencia de lo realizado en el capítulo anterior, ahora no cuestionaré ninguna de estas simbolizaciones—la mayoría, muy sugerentes y compatibles—, sino que, sencillamente, trabajaré en un determinado sentido: el de la articulación tensa entre *la musculatura discreta del día* y *alguna noche oscura*.

Por *musculatura discreta del día* entiendo la fuerza de la cotidianidad para mantenernos en pie y orientarnos. Por *noche oscura* entiendo, sobre todo, el roce de la muerte. Reitero que, con estas opciones, no se descarta nada, porque día y noche pueden asociarse a aspectos muy diversos. Día es, por ejemplo, luz y claridad, poder y conocimiento, acción y evidencia, planificación y progreso, seguridad y dominio... Noche es, por ejemplo, oscuridad y reposo, sueño e insomnio, pasión y erotismo, mística y abismo, integración y muerte... aunque no parece muy factible reunir y acoplar todos los aspectos del día, por un lado, y todos los de la noche, por otro, sí que se podría encontrar alguna sintonía, aunque fuese parcial. Es, según creo, el acierto de la conocida frase de Kant: «La noche es sublime. El día es bello». El día es bello porque permite ver las cosas, admirar sus formas y sus colores; permite ver la proximidad y la lejanía del horizonte; permite ver equilibrios, configuraciones... En cierto modo, el día es asible, y por eso dice Kant que es bello. La noche, en cambio, es formalmente inabarcable, y por eso es sublime. En esta dirección apunta el canto de Nietzsche que he repetido desde el inicio: sólo la noche—dice—conoce la profundidad insondable del mundo; sólo la profundidad de la noche está a la altura de notar y de hacer notar la profundidad, igualmente insondable, del mundo.

MUSCULATURA DISCRETA DEL DÍA

Mientras que la frase de Kant se centra en la dimensión cognoscitiva—el día como claridad y esclarecimiento—, quisiera desplazar la atención hacia la dimensión más existencial; en ella, el día es lo que nos fortalece y nos ayuda a caminar, *día a día*. Por este motivo me parece apropiado hablar de musculatura, pero de una musculatura sin exhibición, que nada tiene que ver con aquella a la que hoy nos tienen acostumbrados los cuerpos de gimnasio. La que de veras cuenta es la musculatura normal y básica, que está, pero que apenas se nota y que, sin embargo, nos mantiene en pie, física y anímicamente.

Si la musculatura discreta del día es cotidianidad, orientación, esfuerzo, trabajo bien hecho, itinerario (un día tras otro)... entonces podemos relegar tanto el afán de poder como el racionalismo barato a un segundo plano, entendidos ambos como inflaciones del día. El progreso indefinido, la razón diurna—que lo explica todo y discursea sobre todo—, la ignorancia de la noche, el egoísmo que proyecta sus intereses por doquier... suma de degeneraciones y lujos del día. El día es más austero y discreto. Por esto, y porque el registro es existencial y no sólo cognoscitivo, creo que, más que bello, el día *nos hace bien* y *nos va bien*. Las comidas—a poder ser, compartidas—, los saludos, las relaciones, el trabajo—sobre todo si tiene sentido—, el descanso, el cielo... todo esto nos va bien y nos hace bien—es saludable—. Incluso va bien, como indica Simone Weil en una de sus anotaciones, «hacer *todos los días* dos o tres cosas indiferentes a una hora arbitraria, pero determinada».[1] Lo importante es el hábito y la repetición, incluso de pequeñas cosas aparentemente poco relevantes, que sin embargo refuerzan la dinámica del día. El curso del día tiene sentido, y en él contamos con la presencia tanto de pequeños hábitos como del hábito mayúsculo del encuentro.

El día es un arco, no una recta, y en ese arco están e insertamos las repeticiones cotidianas que nos alimentan y nos refuerzan. Consecuentemente, lo que nos va bien es *ponernos en el día*, o mejor aún, *hacernos del día*. Hacernos del día es transformar la curva del día en una buena cotidianidad. ¿Con qué contrasta esto? Ya lo sabemos: con la retórica agotadora del *ponerse al día*. La buena curvatura del hacerse del día contrasta con el rectilíneo y acelerado ponerse al día o estar al día. Mientras que hacerse del día es hacer del día casa, estar al día nos enajena y nos debilita, no dejándonos tiempo ni para el hábito ni para el habitar.

Así, la poiética del día consiste en convertir el día en musculatura discreta, vestido y hábito. Lo cual, por cierto, no es el arte del sedentarismo. Porque nómada no es quien no tiene casa, sino quien hace del camino su casa o quien hace casa mientras camina.

---

[1] Simone Weil, *Cuadernos*, *op. cit.*, p. 22.

ALGUNA NOCHE OSCURA

Cada día tiene su noche y, afortunadamente, la noche suele ser reparadora. La noche reparadora es ella misma poiética: nos *rehace*. Pero algunas noches no son reparadoras: son las noches oscuras en cuyos tentáculos se siente más intensamente la herida de la muerte; la muerte de los otros y la de uno mismo. Mientras el curso del día nos lleva a seguir una suave curva, la noche oscura nos detiene en un suelo inestable. Detenidos, pero inquietos, y en vigilia involuntaria. No puedes calmarte pensando: moriré como quien va a dormir. Hay insomnio. Pero además y principalmente, te preguntas: ¿podré ayudar a los demás?; ¿cómo podría ahorrar a los demás, y a mí mismo, el sufrimiento provocado por la vecindad de la muerte? Ahí está la angustia asociada a la noche oscura. Mientras que durante el día prevalece la acción, durante la noche oscura lo hace la parada inquieta. Sujeto herido y entregado.

TENSIÓN Y JUNTURA

La musculatura discreta del día y la oscuridad de alguna noche no forman parte de ninguna dialéctica: no hay complementación, ni superación. Hay tensión, pero también cierta juntura, que ya es resultado provisional de nuestra *poiesis*.

La noche oscura, con la experiencia del abismo, de la nada, del término y de la muerte, *nos ayuda a adelgazar el día*; a relativizar la planificación y las ideologías del progreso; nos ayuda a conseguir que el día sea la musculatura del día, y a no inflarlo más. La noche nos ayuda a desmentir las seducciones del lujo y de la inmortalidad. Nos hace saber *que el día no lo es todo*; que la vida empapada de luz no lo es todo; que hacer del día casa es saludable, pero que instalarse en él, a modo de reino, es engañarse. La claridad del día se traduce en orden y ley, medida y sincronía. La noche, en cambio, es experiencia de lo *inconmensurable*—recuerdo, diacronía, eternidad...—. Antígona ha experimentado la noche y por eso sabe que la medida y la ley del día no son absolutos, y que remiten a la medida inconmensurable de la noche.

El día, por su parte, nos ayuda a seguir el camino y a no quedarnos definitivamente clavados en medio de la noche oscura—cuando sólo queda la paciencia de esperar hasta que se haga de día—. En verdad, el día nos ayuda, antes, a no absolutizar la noche oscura; a advertir que la noche tampoco lo es todo, porque el día no es una alucinación. Existe el día.

FILOSOFÍA EN EL CREPÚSCULO

Vale la pena observar que, en esta tensión, los tránsitos suelen favorecer la actitud reflexiva. Mientras el día es el hábito y el esfuerzo de la vida, y la noche oscura, lo inefable y lo angustioso, el tránsito de uno a otra es un buen momento. De día, demasiado trabajo—demasiada ocupación—; en la noche oscura, demasiada inquietud paralizadora. De modo que la reflexión se da, más bien, al anochecer y al amanecer. Convendría, en este sentido, precisar la relación de la filosofía con el ave de Minerva. De la noche podemos hablar en su crepúsculo vespertino y en su crepúsculo matutino. Tarde y amanecer de la filosofía. De hecho, el crepúsculo—momento en que hay claridad pero el sol ya se ha puesto o todavía no ha salido—conviene no sólo para hablar de la noche, sino también del día, porque también éste, a pesar de su primera evidencia, tiene algo de casi inefable.

La filosofía se hace sobre todo en el tránsito de la luz a la oscuridad, al apagarse el día. Cuando finaliza la acción, desciende la luz, y se inicia el tránsito hacia la noche reparadora, o hacia la noche oscura. En ese tránsito el búho levanta el vuelo. Ni en el día de la actividad, ni en la noche de la angustia. En el entretanto del tránsito, en el intervalo del tránsito. También en este sentido se deja entender por qué la filosofía es aprendizaje y prólogo de la muerte.

Pero sería muy parcial no decir nada del otro tránsito. La filosofía se hace también—y añado: principalmente—al amanecer. Justo en el umbral del prodigio de la creación, y al mismo tiempo que el canto de los petirrojos, igual de madrugadores. Al alba, cuando la profundidad es la de la vida; la de este increíble sentirse venido al mundo desde ninguna parte. Al alba, auténtico *arjé*, auténtico origen de todas las cosas. Al alba, el prólogo temprano de la filosofía.

MÁS POIÉTICA PARA ARTICULAR DÍA Y NOCHE

Hablar de tránsitos, sin embargo, no es sino referirse a momentos flexibles, en los que pensamos cómo hacernos del día, cómo cuidarnos haciéndonos del día. Tal vez, el esfuerzo poiético decisivo consista, por un lado, en *jamás abandonar totalmente el día* y, por otro lado, en vez de sólo encontrarte puntualmente entregado a la noche oscura, *ser tú mismo quien madure muy poco a poco la experiencia de la noche*, es decir, ser tú mismo el pro-vocador. Para tal objetivo espiritual no hay prospecto sino, a lo sumo, algunas indicaciones.

Hemos visto que la articulación día-noche además de evitar la esquizofrenia de la separación, evita también las totalizaciones, ya sea del día, ya sea de la noche. Un peligro del día es, en efecto, la ignorancia de la noche. Pero cabe añadir: y también la *ignorancia del día mismo*. El día se ignora a sí mismo cuando el exceso de luz y de evidencia lleva a una especie de idealismo despreciador de la pesadez, de la rugosidad y de la no evidencia de la realidad. Droga y ostracismo de la luz. No por casualidad, el ostracismo y la esquizofrenia filosóficos son el resultado de un mismo proceso; aquel en cuyo seno se ha abandonado la diferencia y la articulación tensa. La curvatura poiética, siempre tras el ayuntamiento, descarta la separación cortante y, por tanto, los idealismos y los planteamientos excesivamente antitéticos. La filosofía del ayuntamiento es *distinción sin confusión*, pero a la vez *distinción sin antítesis exasperadas*.

Nada es fácil, todo cuesta. Pese al buen habitar del día, llegan sobresaltos, y fuertes recaídas, y noches oscuras. Nuestra poiética debe procurar, por tanto, no sólo nutrir la vitalidad (el empuje y los ánimos) del día a día, sino evitar también las *evasiones* del día y de la noche, esto es, los lujos del día, y las disoluciones impersonales de la noche.

Pues bien, para *hacerse del día* hay que desnudar el día para quedarse sólo con lo esencial—la musculatura discreta de la repetición—, y acercarse intencionadamente a la noche oscura, en dosis homeopáticas, para madurar esta experiencia y que, así, cuando la noche oscura caiga sobre nosotros, podamos resistirla un poco mejor. Esta madurez se consigue al lado de la herida infinita de la muerte, junto a su profundidad y a su secreto—junto, no dentro—. Voluntariamente, junto a la noche, conseguimos no desesperar, al confiar en que vendrá otro día. Cuando, de hecho, éste llegue, lo seguiremos, aun a sabiendas de que ese día, como todos los demás, tendrá un final. La noche, al poner fin al día, muestra la verdad. Ahora bien, la verdad del día es que se acaba, no que sea nada. Que el día acabe, que no tenga un fundamento fuerte y permanente, que deba entenderse en su relación con la noche, lo hace relativo, es decir, dependiente. La noche oscura es la verdad del día. Pero, el día es también la verdad de la noche. Porque la noche sólo puede serlo haciendo que acabe el día. La noche es, así, relativa al día. Sí, la noche, de un solo bocado, se tragará el día. Pero el día existe. Y la noche lo sabe.

LA NOCHE DE LA NOCHE

Blanchot y Lévinas han hablado, además, de otra noche. Ni la del reposo, ni la oscura de la finitud, sino otra. La noche relacionada con el «hay» (*il y a*); un tipo de referencia a un plano que lo sería todo y de cuya extensión matricial no habría salida. Blanchot la ha llamado «la segunda noche». Se trataría no tanto de la experiencia de la finitud y la muerte como de la experiencia de sin salida; una experiencia aún más asfixiante que la primera. Propongo llamarla *noche de la noche*: horror del sin sentido. Absurdo de una esclavitud eterna. Piedra de Sísifo convertida en losa inmóvil de la que igualmente sería imposible librarse. Mundo sin ninguna puerta, sin ninguna ventana, ni siquiera la de la muerte. Noche de la noche, sin salida. Ápice del absurdo. Cadena perpetua con ausencia de carcelero. Autoaniquilación y suicidio imposibles.

La idea es potente y turbadoramente seductora. El espacio literario, el arte, sería, para Blanchot, la forma, no de salir —no se puede—, sino de revelar este fondo, esta presencia terrible, ese murmullo inacabable e inhumano.

Pero, en mi opinión, esta noche de la noche dejaría absolutamente de lado la verdad del día y, consiguientemente, el esfuerzo por articular bien día y noche. Siendo una propuesta nada desdeñable, sólo la asumo parcial y limitadamente, como una dimensión ubicada en la región más oscura de la noche oscura, pero no más. Como una amenaza, cuyo roce, en efecto, es mucho peor que el de la muerte. Ahora bien, mientras el roce de la muerte no sólo es una amenaza, sino también un destino, el «hay» tiene el estatus de amenaza, pero no necesariamente de destino, ni de verdad.

DÍA A DÍA

Hay una serie de óleos geniales de René Magritte titulada *El imperio de las luces* (*L'empire des lumières*). En todos los cuadros de la misma se ve el cielo azul (día) y, sin embargo, la calle oscura con el farol encendido (noche). En principio, parece como si este paisaje paradójico tuviera que dar pie a un sentimiento de confusión, pero no ocurre así. En una carta de finales de abril de 1956, Magritte, tras distinguir entre la idea (invisible) que subyace al cuadro y las cosas que se ven, comenta su obra con estas palabras: «la evocación del día y de la noche me parece que tiene el poder de sorprendernos y de fascinarnos. Llamo a este poder: la poesía». ¡Qué bien! Los cuadros mencionados no provocan un sentimiento de confusión porque no prevalece en ellos la contradicción, sino el contraste y la diferencia: existe el día, y existe la noche. Y, además, existe su articulación, la juntura, el paso del uno a la otra, el crepúsculo. Y esto, diferencia y articulación, es, para nosotros, lo que más nos orienta. Habitamos el contraste y el movimiento; las relaciones. Lo contrario es la totalización y la detención. La totalización sería: todo noche. La detención sería: la parálisis, el estancamiento. La *depresión* no es sólo *bajada*, sino también *estancamiento*. Y de ahí que se suela aconsejar hacer algún tipo de esfuerzo para remontar y para volver a moverse. El día a día es movimiento. Y el ponerse manos a la obra, también. Hacerse del día es caminar, salir adelante, y que las paradas sean sólo las voluntarias y las del reposo, siempre provisionales. Te detienes, pero ya ves que se hace de día o que se hace de noche. Este hacerse es el día a día, que, en su curvatura, nos va bien. El miedo paraliza, y la angustia también, y el insomnio, aún más. El movimiento del día y el contraste día-noche son nuestros aliados, contra la paralización del día, de la noche oscura o de la noche de la noche.

 La poesía no reside sólo en ver el contraste, sino en *situarse bien* en el contraste, en el hecho de vivir, de pensar y de hacer, a partir del contraste. ¿Qué *hace* Magritte? Una pintura a partir de la experiencia del contraste entre el día y la noche. Por eso es poesía. Porque ha juntado bien—y de forma inesperada—el día y la noche. Ha pintado una juntura a partir de una juntura. Ahí está la poesía: hacer a partir de la buena situación; crear a partir del estar bien situado, bien orientado. *Hacerse del día*, día a día, es, al mismo tiempo, dejarse llevar por el día y crear a partir del día. «¡Buenos días!» y «¡Buenas noches!» son los versos más perfectos de esta creación.

XI
ESPERANZA SIN LUJO

Cada respiración de hoy es ya anhelo de mañana. El tópico según el cual debemos vivir concentrados en el presente es bueno siempre y cuando no añadamos *exclusivamente*. Si lo hacemos, entonces vuelve a ser el resultado de un divorcio torpe seguido de una forzada polarización. ¡Por supuesto que hay que vivir el presente! ¡Incluso conviene entrenarnos para conseguirlo! Pero esto no quita que el sorbo de presente ya espere y aspire al sorbo de mañana.

Vivir es gusto—o pena—del hoy y espera del mañana. Y la espera es creación, curvatura poiética. Generamos espera y esperanza por dos motivos esenciales: porque *todo (buen) encuentro pide reencuentro*, y porque *no todo está bien*.

REENCUENTRO

Las heridas infinitas (vida, muerte, tú y mundo) son perfectamente legibles como encuentros: la vida es el encontra*rse*, la muerte *te viene* a encontrar, te encuentras *con* el tú, y nos encontramos *en* el mundo. Hay algo muy valioso en cada uno de estos encuentros: en el abrazo de la vida, en el amor por el tú, en el asombro del mundo e, incluso, aunque de forma paradójica, en el roce de la muerte, pues este roce lleva a que los demás encuentros sean más valiosos todavía. Es obvio que todo buen encuentro pide reencuentro. El encuentro con el tú lo muestra a la perfección: es la herida infinita por la que el bien de la compañía se derrama por encima de todo lo demás. El infierno es solipsista. Por eso nadie lo quiere.

Que todo buen encuentro pida reencuentro es algo que se da espontáneamente: todas las personas que se aman quieren reencontrarse. El sentido y el disfrute del presente—el encontrarse en el encuentro—incorpora ya el anhelo de mañana—el reencuentro—. A veces, sin embargo, el reencuentro se hace difícil o, incluso, imposible, por la muerte. Justo aquí, en la gradación entre lo probable y lo imposible, cabe hacer, sin rigidez alguna, la distinción entre la espera y la esperanza. La espera es espera del reencuentro, y la esperanza es esperanza del reencuentro imposible, que, para evitar el eco heideggeriano, diré *reencuentro increíble*—mejor y más cerca del lenguaje coloquial.

La palabra del enigma, pues, más que *inmortalidad*, *reconciliación* o *felicidad*, es *reencuentro*. Reencuentro, no retorno y, menos aún, *eterno retorno de lo mismo*. Como el inicio es absoluto, no hay repetición, ni regreso de lo mismo. A lo sumo, repetición con diferencia. En vez de metafísica del *eterno retorno*, metafísica del *reencuentro increíble*. La esperanza no sólo lo es de otro reencuentro, sino de un reencuentro *otro*.

Cada encuentro cordial genera el deseo de otro: «¡Hasta la vista!», «¡Hasta mañana!». La vida está hecha de encuentros que nos llegan muy adentro y que forman parte de la herida del amor. El hijo encuentra a los padres, y los padres, al hijo; la hermana, al hermano; la amiga, al amigo; el amante, a la amada; el místico, a Dios... No por casualidad, la espera de reencuentro constituye el núcleo de la despedida: «¡Hasta la vista!» (*au revoir, arrivederci, auf Wiedersehen, see you again*...). Más allá del automatismo, «¡Hasta la vista!» es una maravilla, y una manifestación de nuestra persistente vocación de compañía.[1]

---

[1] Decir «¡Adiós!» es lo mismo que decir «¡Hasta la vista!», porque

De la herida del tú emerge esta intensísima vocación. ¿Cuántas veces lo más precioso nos pasa por delante y no somos capaces de advertirlo? No es la inmortalidad, sino el encuentro y la compañía, lo que queremos. Anhelo de compañía para uno mismo y para todos. De tener y de hacer compañía. Compañía consistente—valga la redundancia—en compartir el pan; en compartir el mundo («Mira, mira...»); en compartir los mundos («Te imaginas...»); en compartir el canto (en la coral de las voces cordiales); y en compartir no querer dejar de compartir («¡Hasta la vista!»).

No sólo el final, sino ya el inicio del encuentro suele ofrecer una buena pista. El saludo inicial es una variación del deseo de *salud* (de bien, de paz) para el otro: ¡Bienvenido!, ¡buenos días!, *shalom!*, *shalam!*...—todos ellos, en las antípodas de la violencia—. A veces, estas expresiones se acompañan de apretones de mano, abrazos, besos... Que el inicio del encuentro sea el «¡Bienvenido!» y el final el «¡Hasta la vista!», significa que el encuentro va desde el deseo de bien para el otro hasta el deseo de bien *junto* con el otro.

Tanto la espera como la esperanza apuntan al reencuentro. El sentido de la herida infinita de la vida apunta a eso, y la del mundo, también, y la del tú, aún más. Ahora bien, ¿cuál es el sentido de la herida infinita de la muerte? La imposibilidad del reencuentro. La herida de la muerte es la amenaza de una fatalidad: que todo encuentro será definitivamente interrumpido. Tal vez podamos llegar a entender que la muerte—la condición mortal—sea condición de posibilidad del encuentro de la vida, pero, aun así, seguiría

---

Dios es como el puente del reencuentro increíble: hasta volver a encontrarte *gracias* a Dios.

siendo verdad que es el encuentro que implica la imposibilidad de todo otro encuentro.

No hay nada más *real* que cada una de las cuatro incisiones de la herida infinita. Y no se trata de un reparto aleatorio de cartas. La muerte es una fatalidad totalmente cierta. ¿Cabe, pues, mantener la esperanza de reencuentro? ¿O apenas si queda margen para algunas estrategias estoicas, apaciguadoras de la desesperanza?

NO TODO ESTÁ BIEN[2]

Junto al anhelo de reencuentro, hay un segundo motivo esencial que hace de la vida una vida de espera. *Vivimos esperando porque no todo está bien.* En ciertas ocasiones, para consolar o consolarme, digo: «Todo está bien». Pero sé que no es así. La situación es ambivalente. Hay algo que está bien; que está muy bien. Pero, desde siempre, demasiadas cosas han ido muy mal. Éste es el motivo por el cual no descarto que se pueda leer esotéricamente y entre líneas el «todo está bien». Nunca la pura aceptación. Nunca la impasibilidad. «Todo está bien» dice, en voz casi inaudible, que no todo está bien, que no todo ha ido bien. Quien dice «todo está bien» seguramente sabe que no es así, pero siente que en la realidad de las cosas hay una especie de indicio de que podrían estar bien.

De hecho, no hay duda de que la utopía se crea a raíz de la *topía*. Hay un bien y una promesa inherente al mundo y, sobre todo, a quien ha venido al mundo. Por eso, toda ac-

---

[2] Voltaire subtituló el *Poema sobre el desastre de Lisboa* así: *Examen de este axioma «Todo está bien»*. El poema iba dirigido muy especialmente a los «filósofos errados que gritáis: "Todo está bien"».

ción—y toda revolución—toma su fuerza de la respiración del presente. *Vivimos esperando porque la acción aspira a la utopía.* Vivimos esperando porque toda buena acción es utópica—y, en este punto crucial, confluye lo mejor del cristianismo con lo mejor del marxismo.

No todo está bien…

Walter Benjamin hizo un comentario, genial y muy libre, de una pintura de Paul Klee en la que se ve a un ángel con un aspecto muy extraño, como si estuviera desquiciado. Pocas líneas bastan para presentar la crítica más incisiva que jamás se haya escrito contra la ideología del progreso:

> Hay un cuadro de Klee que se titula *Angelus Novus*. Se ve en él un ángel, al parecer en el momento de alejarse de algo sobre lo cual clava la mirada. Tiene los ojos desorbitados, la boca abierta y las alas tendidas. El ángel de la historia debe tener ese aspecto. Su rostro está vuelto hacia el pasado. En lo que para *nosotros* aparece como una cadena de acontecimientos, *él* ve una catástrofe única, que arroja a sus pies ruina sobre ruina, amontonándolas sin cesar. El ángel quisiera detenerse, despertar a los muertos y recomponer lo destruido. Pero un huracán sopla desde el paraíso y se arremolina en sus alas, y es tan fuerte que el ángel ya no puede plegarlas. Este huracán lo arrastra irresistiblemente hacia el futuro, al cual vuelve las espaldas, mientras el cúmulo de ruinas crece ante él hasta el cielo. *Este* huracán es lo que nosotros llamamos progreso.[3]

A partir de la admiración que siento por este texto, articulo, también muy libremente, el siguiente comentario. Nadie como este ángel sabe que no todo está bien. Nos conmueve su mirada: no mira victorioso y optimista ha-

---

[3] Walter Benjamin, *Tesis sobre la historia y otros fragmentos*, trad. Bolívar Echeverría, México D. F., Ítaca, 2008, tesis IX, pp. 44-45.

cia delante, sino hacia atrás. Allí, detrás, no ve ni logros, ni perfiles de hombres poderosos: ve sufrimiento y destrozos. Tampoco ve una larga serie de épocas enlazadas hasta la noche de los tiempos, es decir, no ve un pasado ya pasado—un pasado *perfecto*—. Ve una sola catástrofe que crece hacia arriba—hasta el cielo—y que está aquí mismo, es decir, que apenas si ha pasado: literalmente, un pasado *imperfecto*. No ve algo general; ve cosas concretas rotas y rostros personales maltratados, y sufre por ello—quisiera unir lo roto y resucitar a los hundidos—. Sin duda, la mirada del ángel es más verdadera y penetrante que nuestras habituales «miradas históricas». Necesitamos aprender urgentemente de la suya hasta convertirla en nuestra.

El ángel de la historia de Benjamin es un ángel revolucionario y, precisamente por eso, nos revela su impotencia: en verdad, quiere, pero no puede. Está en el peor momento. La onda expansiva de la explosión del mal (del progreso) se lo lleva por delante. Como la mayoría de los ángeles, es bondadoso. Es el ángel de la guarda de la historia o, mejor dicho, de todas sus víctimas. Porque, paradójicamente, el ángel de la historia no cree en la historia; sólo cree en la dignidad de las víctimas del mal y de la injusticia. Quisiera extender la mano—el ala—para salvar a cada una de ellas, pero no puede.

Ahora bien, de algo podemos estar seguros: de que no desistirá en su empeño, y de que mantendrá su promesa—la mano abierta—hasta más allá del final. El ángel está hondamente herido; antes de la explosión ya lo estaba, y después lo está doblemente. La primera herida era la del amor, mientras que la segunda es la de la muerte (de los demás). El ángel, precisamente porque está herido por el amor y por la muerte, es compasivo y quiere salvar. Trastornado, no puede. ¿Se ha quedado solo y ya no tiene a quién recurrir?

No lo sabemos. Lo que sí sabemos es que resistirá y que, en medio de la desesperación, esperará. Y sentimos que, en esta espera desesperada, se genera una especie de poder. Quizá sea el poder de la paciencia. El ángel, aunque desencajado, no deja de mirar atrás, hacia el sufrimiento humano y, así, *consigue* que nada esté plenamente cerrado, ni concluido. Su mirada revolucionaria hace que todo permanezca todavía inexplicablemente *pendiente*. Sin ni siquiera ser él mismo consciente de ello, el poder de su pobre mirada es tan milagroso como esto: provoca un leve desfallecimiento del tiempo, una leve suspensión de la fuerza petrificante del tiempo.

Nadie sabe mejor que el ángel que no todo está bien... y de ahí que sufra por nosotros.[4]

Tras la ayuda de Benjamin, sumamos otra, que nos llega, esta vez, con un breve, raro e inspirado escrito de Ernst Bloch. El autor presta atención a la siguiente expresión coloquial: «¿Cómo va?, ¿bien, verdad?».[5] Sabemos de sobra que muy a menudo estas palabras—u otras equivalentes—son un formalismo carente de verdadera preocupación por el otro; al contrario, antes de que el otro responda contando sus problemas, ya te anticipas y te lo sacas de encima: la segunda parte del saludo hace las veces de despedida, y la dices junto con el ademán de empezar a alejarte. Bloch observa, acertadamente, que esta explicación, sien-

---

[4] Tal vez santo Tomás argumentase aquí más de la cuenta, lo cual le llevó a sostener, contraintuitivamente, que los ángeles no padecen por los males que afectan a las personas que guardan (*cf.* Tomás de Aquino, *Summa Theologiae*, III, q. 113, a. 7). Tiene razón Benjamin: si hay ángeles, seguro que sufren, y por eso se unen a los humanos en el mismo frente contra el mal.

[5] *Cf.* «Saludo y apariencia», en: Ernst Bloch, *Huellas*, trad. Miguel Salmerón, Madrid, Tecnos, 2005, pp. 145-149.

do correcta, no es suficiente. Es decir, que tal vez explique la mayoría de los casos, pero no todos. Se necesita una explicación complementaria, y apunta en la siguiente dirección: «A veces es como si el saludo viniera desde un mundo *mejor* que se anuncia con un esplendor sereno y externo». Es decir, que el «¿bien, verdad?» puede ser genuino, y basarse en algo que procede de la apariencia de las cosas. Para ilustrarlo, Bloch pone el ejemplo de la fachada de una casa, y de la luz de la lámpara que se filtra por los balcones. Se imagina de viaje, sentado en la plaza mayor de un pueblo. Desde allí, nota una especie de paz proveniente de las fachadas que lo rodean. ¿Será sólo una impresión estética? Entonces, el hostelero le empieza a contar algunas de las trágicas historias familiares acaecidas detrás de aquellas paredes—narrar las desgracias ajenas es todo un clásico—. Y, sin embargo, a pesar de los aterradores acontecimientos que escucha, el visitante no deja de percibir el aspecto cálido de las casas: «Pero todavía permanecía la belleza y también el idilio». Bloch sabe detectar, detrás de los convencionalismos y de los saludos convertidos en automatismos fríos, otra cosa, mucho más auténtica: «...en la imagen del primer encuentro con los hombres y los paisajes, aunque más tarde se corregirá, permanece la creencia en el idilio; ésa no tocada por el desencanto». Bloch ve que, *a pesar de todo*, hay una especie de paz procedente de la apariencia de la cosa. Y que esto no se reduce al placer que uno pueda sentir por mirar plácidamente sentado en una plaza mayor. Tiene que haber, piensa Bloch, algo que verdaderamente venga de la cosa misma, que tenga su fundamento en la cosa misma. «*Tout va bien*, dicen muchas apariencias, como si esa convención no fuera desconocida por las cosas». A pesar de todo, en la apariencia brilla algo bueno: «Hay una promesa, que no necesita ser mantenida...».

Un tipo de indicación, de promesa, de *utopía*, yace en algunas cosas de nuestro mundo: en la fachada, sí, pero igualmente en la flor del almendro o en la mesa de la cocina. Después las cosas podrán torcerse, pero la promesa va por delante. La tesis que reiteradamente he sostenido es que esta indicación de bien, esta promesa, procede, esencialmente, de lo humano, de ese alguien que viene de ninguna parte, de su rostro y de sus manos. Lo cual significa que la desgracia y el mal *sobrevienen*. La casa, la ventana, la mesa… pero, sobre todo, el rostro del prójimo, promete bien, aunque pueda sobrevenir el sufrimiento y la oscuridad. *Viene* y *debería venir* el bien. *Sobreviene* el mal. Es lo mismo que decir que hay una promesa de bien, aunque esta promesa pueda, después, no cumplirse.

Hablar de esta promesa inherente a alguien que viene de ninguna parte no es una forma camuflada de hablar de la sacralidad de la vida humana, entendida en un plano biológico o naturalista. Dicho de otro modo: no se trata de convertir al ser humano en una cosa y decir de esta cosa (de esta vida *natural*) que es sagrada. Más bien estoy procurando sostener que la humanidad surge de la profundidad invisible, de la vibración anímica, que es gozo y sufrimiento, y promesa de curvatura poiética—de acción justa y bondadosa—. Creo que esto sintoniza con lo que afirma Benjamin en su conocido texto sobre la violencia, comentado prolíficamente por Derrida.[6] Benjamin considera que no hay que sacralizar la mera vida, sino la promesa del hombre justo, la potencialidad de convertirse en justo. De este modo, evita considerar sagrado a quien puede convertirse

---

[6] *Cf.* Walter Benjamin, *Para una crítica de la violencia y otros ensayos*, trad. Roberto J. Blatt, Madrid, Taurus, 1991; Jacques Derrida, *Fuerza de ley*, trad. Patricio Peñalver, Madrid, Tecnos, 1997, pp. 67-151.

en fuente de violencia y de injusticia. La sacralidad está en el hombre justo. Por lo que hemos visto hasta aquí, es como si el hombre malvado hubiera traicionado la promesa de su nombre. Como si hubiera sustituido la vibración por el endurecimiento, la humanidad por la inhumanidad, la curvatura por la lanza.

No todo está bien. Pero hay una promesa en el humano, un envío, una utopía.

PROVISIONES PARA LA PROVISIONALIDAD

Así pues, vivimos esperando porque todo buen encuentro pide reencuentro, y porque no todo está bien (pero hay una promesa de bien). Sin embargo, la muerte imposibilita el reencuentro, y el mal parece no dejar cumplir la promesa. ¿Cómo es posible mantener la esperanza a pesar de todo —incluso de la desesperación—? En realidad, la esperanza es el esfuerzo para no capitular ante la desesperación. ¿Qué nos permite resistir?

Esperar a pesar de todo. En el fondo de la mochila, está la última bolsa de víveres, con dos panecillos más. Son los panecillos destinados a alimentar la esperanza, es decir, la infirmeza del reencuentro increíble.

En la vida ya vivimos el sentido. Hay una especie de sentido inherente a la herida de la vida, a la del tú, a la del mundo, e incluso a la de la muerte. Y, sin duda, también un sentido ligado a las acciones poiéticas: intensificar la vida, hacer compañía, hacer mundo, prepararnos para morir. ¿No es esto suficiente? Sí, desde luego… si no fuera porque no todas las personas han tenido el privilegio de vivir este sentido. Y si no fuera, también, porque a veces da la sensación de que una última embestida del absurdo podría terminar revelando la banalidad de todas las cosas. En la vida ya vivimos el sentido, y la esperanza es esencialmente la *espera de un poco más de sentido*: pero de un sentido *diferente, otro*. Es como si este poco anhelado por la esperanza fuera la confirmación de la promesa que hay en cada inicio.

Pero mantener la esperanza cuesta; es una resistencia y un combate contra la desesperanza. Un combate de resistencia que, evidentemente, se efectúa sin armas de fuego, en medio de nuestras vidas diarias. Que no sea un combate violento, no quiere decir que no sea intenso y, a veces, arduo. Sentir que estamos a punto de perderlo no es perderlo. Sentir que estamos a punto de perderlo pero no perderlo es, de hecho, la resistencia, es decir, la esperanza. Con los dos panecillos dentro de la última bolsa de víveres. Panecillos especiales; basta su olor y algún mordisco de vez en cuando para seguir en pie. En el exterior de la bolsa, apuntadas con lápiz, las dos razones penúltimas de esperanza—anticipadas ya a lo largo de nuestro recorrido—: que la profundidad es de verdad (y no metafórica), y que hay una desproporción entre venir a la vida y estar destinado a morir. En otra época, a estas dos razones (que se añaden a las dos primeras: deseo de reencuentro y experiencia de que no todo está bien, pero…) se las hubiera podido llamar preámbulos de la esperanza (*preambula spei*).

Que la profundidad no es una metáfora. Por suerte, ocurre que de la experiencia de la profundidad emerge discretamente un poco de confianza. En la intemperie, notar la profundidad de lo que nos hiere es algo que nos ayuda mucho. Se entiende así que el malestar y la desesperanza de la sociedad actual tengan que ver con la pérdida de la dimensión de profundidad. La comprensión plana y homogénea de nosotros mismos y del mundo nos enferma. El mundo reducido a cosas y a funciones, el mundo objetivado, vehicula la depresión y la desesperanza. Incluso aunque se viva contento, en un entorno material confortable, la partida está perdida y, tarde o temprano, la carencia se manifestará. La vida gana fuerza cuando se nota, incluso con estremecimiento, la profundidad; y la pierde en la banalidad. Sólo quien todavía esté en condiciones de notar la profundidad que lo constituye, se estará alimentando para seguir resistiendo los embates del nihilismo. Ésta es nuestra situación: en la profundidad contra lo abismal. Tanto la banalidad como lo abismal amenazan nuestra profundidad.

La esperanza no está relacionada con una hipotética dimensión ajena a nosotros; está relacionada con la infinitud que nos constituye. Una vez más, el sentido procede de la juntura, en este caso, de la juntura que somos, de la juntura entre la herida y lo que nos hiere, entre la profundidad de la herida y la profundidad de lo que nos hiere.

La profundidad de lo que *me traspasa* (me hiere) y *me rebasa*. Vida, muerte, tú y mundo son las infinitudes que me hieren, pero que no se reducen a uno mismo. La profundidad me sobrepasa, me trasciende. Cada humano, por el repliegue del sentir, está atravesado y traspasado por la infinitud. Nada es más verdad y, sin embargo, no hay ninguna medida científica para dar cuenta de tal situación. De eso inconmensurable obtenemos fuerza para resistir; obtenemos una discreta pero decisiva confianza. ¿De dónde extrae su fuerza Antígona? ¿De dónde, Francisco? ¿De dónde, todas las Antígonas? ¿De dónde, todos los franciscanos? De lo que *los traspasa* y *los rebasa*.

Y último panecillo de esperanza: *sentimos que existe una desproporción entre venir a la vida y estar destinado a morir.* El misterio del venir a la vida—de la vida—es aún más increíble que el de la muerte. Hay una *desproporción* favorable al primero. La experiencia más *increíble* es haber venido y seguir empezando cada día. Más allá del sistema cosmológico, o del ciclo de la naturaleza, o de cualquier otro sistema, la vida de *alguien*, con su inicio absoluto, es un cambio irrepetible. Que un niño nos haya nacido[7] o, como anuncia el pregonero, que haya nacido una niña: he aquí el milagro increíble y la alegría inaugural.

La redención ya está en el inicio; en cada inicio. Esto es una obviedad que sin embargo hay que repetir: la esperanza está vinculada al nacimiento continuado que somos. Parece que nacemos de una sola vez, cuando, en verdad, lo hacemos poco a poco—y, mientras tanto, se va haciendo hora de morir—. Pero no hay equivalencia entre haber venido desde ninguna parte y estar destinado a morir. Muere quien vive, quien ha vivido, quien tiene *nombre*. ¿Qué es lo que lo cambia todo? Haber venido desde ninguna parte. Éste es el cambio más determinante e increíble. El cambio que implica la muerte—sea el que sea—le está subordinado. Por eso hablo de desproporción, y de una desproporción a favor del haber venido. Y por eso mismo, a pesar de todo, y aunque sea con temblor, la esperanza resiste una y otra vez los embates de la desesperanza. No es, pues, arbitrariamente como el ser humano mantiene un combate con la muerte. Quien ha comenzado no acaba de entender—no puede entender—la total aniquilación posterior. El *para siempre* del inicio tiene el contrapunto en el *nunca más* impuesto por la muerte. Pero el *para siempre* desborda al *nunca más*. El exceso del venir de ninguna parte excede al exceso del destino mortal.

Precisamente debido a esta promesa misteriosa inherente al nacimiento, nos preguntamos con dolor: ¿qué pasa cuando la vida de un niño o de un joven se ve truncada por

---

[7] Isaías 9, 5.

la desgracia o por la violencia, o cuando alguien se convierte él mismo en torturador y verdugo de los demás? Y no obtenemos respuesta alguna. Desgracia y maldad son escándalos mayúsculos sin explicación. Lo único que cuenta—lo único que tiene sentido—es la acción que en cada caso pueda hacerse. La desgracia provoca que el ángel benjaminiano, todavía más impresionado, acumule más trabajo pendiente. Porque, igual de herido que los humanos, sigue el mismo *imperativo categórico*, que, como decía Jan Patočka, «no es la voz de una razón abstracta, sino la voz del sufrimiento humano».

Todo aquel que sigue este imperativo lucha en el mismo frente. En los momentos de tregua, procura hacer algo bien (más mundo, más vida, más sentido). Y celebrar, y cantar—aunque no entone—. En momentos de mayor gravedad, trata de mantener la esperanza a pesar de todo, es decir, en consonancia con nuestra contingencia, procura mantener la provisionalidad; mantener la convicción de que todo es provisional, de que nada es definitivo, de que nada es inexorable. Dado que provisional es a definitivo lo que contingente es a necesario, después de haber celebrado la contingencia, toca ahora defender la provisionalidad contra la fatalidad y contra el absurdo.

Cielo y tierra, día y noche… y, ahora, otra juntura: un puente entre encuentro y reencuentro.

Ya estamos en lo increíble y es como si este increíble pidiera ser mantenido.

La esperanza es mantener lo increíble que somos. Y seguir construyendo un puente de lo increíble a lo increíble.

XII
LÍNEAS TELEGRÁFICAS

Quizá porque estamos en un tiempo sin profetas hay más pronósticos que nunca, con largas colas de candidatos listos para anticipar el futuro. Sin embargo, salvo las siempre valiosas previsiones destinadas a evitar peligros y desgracias, todo lo demás sobra.

El sano sentido común—cada vez más escaso—dice: «Ya se verá», y se concentra en lo más importante de todo, que, como siempre, consiste en hacer bien las cosas y añadir algo más de bien. En hacer bien los trabajos y oficios que tienen sentido, en añadir algo de bien gratuito y afuncional, y en conspirar en el desierto.

El pregonero italiano a quien me he referido al principio procuraba sazonar los pregones oficiales con una pizca de sabiduría. Vivía solo, pero todos los vecinos sabían que las puertas de su casa estaban abiertas de par en par y que enseguida servía un plato más en la mesa. Eso sí, sin ninguna sorpresa en el austero menú: pasta escurrida con un chorrito de aceite y un poco de parmesano rallado, medio vaso de vino y las mismas palabras de brindis—que se complacía en repetir—: «*Alla salute temporale ed eterna*».

El oficio de pregonero se ha perdido, como el de farolero y tantos otros. Pero algunas libretas se conservan, como la que usaba el viejo pregonero. En ella guardaba sus pregones, pero también, en frases cortas que raras veces superaban la longitud de una línea, anotaba ideas, una vez pasadas por el tamiz de las horas. Es algo extraño, y bello a la vez, que tanto una libreta por estrenar como una llena puedan despertar tan buenas sensaciones. Tal vez porque ambas son señales de una vida. El inicio: una libreta con un lápiz. El final: una libreta con un nombre.

El estilo del pregonero es el que siempre me ha parecido mejor: frases cortas y pausas largas, para tratar de decir cosas humanas, muy humanas, prescindiendo de palabras inútiles. A veces, incluso, con la tentación de usar los ya mencionados guiones de los antiguos telegramas. Tal vez, ahora mismo, para ir recapitulando, podría hacerse así:

venido de ninguna parte – recibido el nombre – herido infinitamente por la vida – con ligereza y gravedad – cada día – inicio, juntura y salmo –

Se trata de recapitular, no de concluir, puesto que ¿cómo se podría cerrar o concluir una reflexión sobre la vida?

El repliegue del sentir es la afectabilidad máxima del humano; el grado de apertura que hace que quede atravesado, herido, por lo infinito. Diría que lo que en cierto momento Nietzsche atribuye al cristiano, a saber, que «siente de un modo demasiado profundo todo contacto»,[1] más bien expresa la esencia de lo humano. Pero, también aquí, con una variación decisiva: este *demasiado* no lo debemos ver como síntoma de lo patológico, sino como algo bueno, generador de lo *más* humano.

La piel fina y el corazón grande son los dos símbolos fraguados para indicar este sentir de manera tan profunda. Creo que incluso se pueden usar ambos al mismo tiempo para dar pie a una tercera imagen: *de la piel al corazón*, evocando la amplitud, la profundidad de lo humano. La piel abierta y el corazón herido. Ahora bien, de la piel al cora-

---

[1] Friedrich Nietzsche, *El Anticristo*, trad. Andrés Sánchez Pascual, Madrid, Alianza, 1974, § 30, p. 59.

zón es *la luz de lo humano*. Porque, no en vano, luz es equivalente a apertura. Se puede hablar de la luz de una arteria —su diámetro—, y de la luz de una puerta—su anchura— o, inclusive, de la luz de un cajón—su profundidad—. En este sentido cuidar de nosotros mismos es *darnos luz*, es decir, no dejar que la herida se cierre—respiramos por ella—, ni que la profundidad se pierda—es el misterio que somos.

Después de referirnos a la incisión cruciforme de la herida que nos constituye, hemos visto que la *curvatura*, el *ayuntamiento* y la *dulzura* son aspectos muy relevantes de la *poiesis*. Sin embargo, la pista más reveladora, común a la herida y a la *poiesis*, presente todo el rato, pero de manera discreta, no es otra que la de la *concreción*, de la que, ahora sí, conviene hacer una breve pero manifiesta alabanza. Tenemos la experiencia de ser un inicio totalmente concreto, el de alguien, aquí, con nombre. Y, sin duda, las acciones que mayor sentido tienen están al servicio de tal concreción, lo que, para variar, tampoco pasó desapercibido a la penetrante mirada de Simone Weil: «Amar y ser amado no tiene otro efecto que hacer mutuamente más concreta la existencia…».[2] ¡Qué bien visto! Amar es el principal infinitivo de la vida precisamente por este motivo, porque hace que vivir sea todavía algo más concreto.

El misterio es lo concreto; lo increíble es lo concreto. La verdad es la verdad de las personas, de las criaturas singulares que, porque viven—porque se encuentran viviendo—, merecen nombre propio. Todo es propio sin propiedad. Así, por ejemplo, por el hecho de que cada uno de nosotros es inicio, el tiempo de nuestra vida es un *tiempo concreto y propio*—distinto del tiempo del mundo—. Aunque el tiempo de mi vida es difícil de expresar, no tiene nada

---

[2] Simone Weil, *Cuadernos*, *op. cit.*, p. 82.

de abstracto: es lo más concreto. Es *mi encontrarme*, ahora mismo, aquí. Y *mis encuentros* concretos con los demás. Mis días, y mis noches... Y algunos momentos, tan especiales, que casi son cifra o estrofa de toda la vida.

¿Se ha insistido lo suficiente en que la raíz de la palabra *concreción* es la misma que la de *creación*? En realidad, sólo siguiendo este hilo cabe empezar a entender lo que de veras sea la *creación*: el inicio de lo concreto; el prodigio de lo concreto. Quien va del cuidado del otro al de las cosas, y del de las cosas, de nuevo, al del otro, vive junto a la creación y está en la creación. Hablar es confiar en la dirección concreta del nombre. Y amar es confiar en la dirección concreta del pronombre. Nuestra vida es tan concreta que lo que la refuerza y le da confianza no puede llegarnos más que al amparo de lo concreto. Y, al contrario, al alejarnos de lo concreto, nos perdemos y enfermamos.

Quien no cree en lo que ve, ni en lo que toca, ni en lo que siente y, sobre todo, quien no sabe hacer del otro el prójimo y el amigo, no va bien, ni está bien. Y no puede confiar en nada ni en nadie. No cree en nada, o cree que, finalmente, todo es una especie de nada. Esto es el nihilismo. En cambio, quien cree en lo que toca, confía, y cree también en lo que no se puede tocar. Porque, justo por la honda sencillez de lo concreto, quien mira lo más visible, ve lo invisible. Y quien cree en lo más creíble, cree en lo increíble.

Lo más concreto coincide con lo más vivo, es decir, con los *encuentros* de la herida infinita. Sí, incluso con el encuentro amenazador de la muerte, porque, paradójicamente, su roce hace aún más concreto y vibrante cada uno de los otros tres encuentros: acentúa el *encontrarme*—herida de la vida—; acentúa el *encontrarte*—herida del amor—; y acentúa el *encontrarme en*—herida del mundo—. El roce de la finitud a flor de piel se da bastante tempranamente, pero con el paso de los años se hace más persistente, y, al mismo tiempo que amplifica los otros encuentros, los empapa de una especie de angustia: ahora mismo, siento el gusto de la vida *pero...*, y me siento muy cerca de otros *pero...*, y me conmueve este horizonte de mundo donde estoy *pero...* ya es como si los añorara. Disfruto hasta tal punto de esto que tanto me hace vibrar—que tanta vida me da—que ya sufro anticipando su pérdida. Ésta es la razón por la que una de las principales curvaturas poiéticas consiste en *guardar* (en forma de memoria, recuerdo, promesa, esperanza...). Guardar los encuentros de la vida es vibrar por el reencuentro. Guardar, sobre todo, lo que no se puede guardar: mientras el mundo se *expone*, el humano *guarda*. También el humano se expone, pero cuando sólo se expone, incluso el mundo se pierde. El ser humano *guarda*—se manifiesta guardando—al otro, a sí mismo y al mundo. Guardar no significa cerrar a cal y canto; significa sujetarse delicadamente a los encuentros y anhelar el reencuentro—o, traducido filosóficamente, *salvar el sentido.*

Hay algo tan precioso en estos encuentros que los queremos *mantener* ante toda amenaza de aniquilamiento definitivo. Queremos mantenernos en la creación; guardar la creación. Y justamente eso es pensar: buscar—esperar—un poco más de sentido que signifique la salvaguarda de lo que ya vivimos. Esperamos *un poco infinito* de sentido que salve el sentido.

El inicio increíble se ha producido. Hemos venido a la vida. Nuestra provisionalidad no es un espejismo, no es una alucinación. Y la queremos guardar. La provisionalidad es provisión y anhelo. El pensamiento se levanta contra el reino del destino aniquilador: se alimenta de la dimensión contingente de la realidad y aspira a que la firme infirmeza del sentido vivido no anuncie su pura desaparición.

Nos toca resistir en la provisionalidad, sin (dejar) precipitar ninguna con-clusión:

el infinito visita – la herida se abre – la gravedad grava – el alma vibra – las manos se dan – las palabras se juntan – se necesita poco para vivir – pan y canto – dejar madurar – guardar lo que no se puede guardar – y resistir la conclusión – hasta que ya nunca sea tarde –

La experiencia del nacimiento, del venir de ninguna parte, es el punto de apoyo que quería Arquímedes, pero ahora no para mover el mundo, sino para mantener la vocación del pensamiento y de la vida. Un punto de apoyo frágil que, sin embargo, nos hace de preciosa pasarela. Desde ella, tiene sentido vivir preguntándonos por el sentido de la vida. Desde ella, vivimos la apertura de esta cuestión igual que la de la herida infinita, y eso ya es una resistencia contra la desesperanza.

Desde ella, podemos llegar a vislumbrar que cada vida que comienza lo hace en el mundo y, en un cierto sentido que se nos escapa, más allá o, mejor aún, *más acá* del mundo—porque el mundo no la puede acabar de explicar—; desde ella, podemos llegar a vislumbrar que cada vida humana transcurre en el mundo y—para recuperar una de esas viejas y bellas palabras—en la *eviternidad*—la alegría y el hogar, la mirada y las manos, inauguran el crepúsculo eviterno.

Desde la preciosa pasarela, el pensamiento genera y espera; silenciosamente da fruto, y silenciosamente espera. Genera sentido mientras espera (encontrar) aquel otro poco infinito de sentido. La filosofía es una modalidad de la curvatura poiética, dedicada a generar junturas y puentes, materiales e inmateriales, acabables e inacabables. De lo humano a lo más humano; del mundo al mundo—más auténticamente mundo—; de lo increíble a lo increíble.

Y, puesto que al corazón le place repetir, para tal construcción de puentes interminables, se cuenta, además, con las curvas curadoras del día a día: los brazos curvados en el abrazo; la franqueza curvada en el tacto; el juego curvado en el corro; la amistad curvada en la sonrisa; y el recuerdo curvado en el envolvente, viejo y conocido olor del despertar en casa.

Todas estas curvaturas piden flexibilidad. Por eso ni siquiera la resistencia es dureza, sino al contrario, resistencia contra la petrificación. Un corazón empedernido ya no es corazón. Mejor ablandarse un poco como la cera que endurecerse como el barro. La flexibilidad permite que las manos puedan darse desde posiciones muy diversas, al igual que, compartiendo línea, se juntan signos y palabras en la república de las letras ligadas.

Crece una conspiración. La conspiración del desierto. Aunque los desertores estén esparcidos por doquier, forman juntos un solo poema. Parece ser que un puñado de ángeles muy discretos también se han apuntado, y que uno de ellos es el de la historia, con mejor aspecto, porque ya no está solo. Tristemente las desgracias siguen creciendo. Pero la conspiración también crece. Construye puentes y canta nombres. Mientras el azul se extiende lentamente sobre la planicie.

ESTA REIMPRESIÓN, SEGUNDA, DE
«HUMANO, MÁS HUMANO», DE JOSEP MARIA
ESQUIROL, SE TERMINÓ DE IMPRIMIR
EN CAPELLADES EN EL
MES DE DICIEMBRE
DEL AÑO
2021